新

悦

遇见智识与思想

失落文明系列简介

本系列丛书意图探索伟大的古文明的兴衰和古代世界人们的生活。每本书不仅涉及所述文明的历史、艺术、文化和延续至今的影响，还试图解释它们与当代生活的联系以及在当代社会中的重要意义。

该系列已出版

《古希腊人：在希腊大陆之外》
　　[英]菲利普·马特扎克（Philip Matyszak）

《六千零一夜：关于古埃及的知识考古》
　　[英]克里斯蒂娜·里格斯（Christina Riggs）

《从历史到传说：被"定义"的哥特》
　　[英]戴维·M.格温（David M.Gwynn）

《携带黄金鱼子酱的居鲁士：波斯帝国及其遗产》
　　[英]乔弗里·帕克（Geoffrey Parker）
　　[英]布兰达·帕克（Brenda Parker）

《蛮族世界的拼图：欧洲史前居民百科全书》
　　[波]彼得·柏伽基（Peter Bogucki）

《众神降临之前：在沉默中重现的印度河文明》
　　[英]安德鲁·鲁宾逊（Andrew Robinson）

《鸵鸟蛋、黑陶与铜肝：神秘的伊特鲁里亚人》
　　[英]露西·希普利（Lucy Shipley）

即将出版

《苏美尔文明》
　　[英]保罗·柯林斯（Paul Collins）

［英］露西·希普利　著 LUCY SHIPLEY　　　　　　戚　悦　译

鸵鸟蛋、黑陶与铜肝

THE ETRUSCANS

神秘的

伊特鲁里亚人

中国社会科学出版社

审图号：GS（2020）7051号

图字：01-2020-2123号

图书在版编目（CIP）数据

鸵鸟蛋、黑陶与铜肝：神秘的伊特鲁里亚人 /（英）
露西·希普利著；戚悦译. —— 北京：中国社会科学出
版社，2021.7
书名原文：The Etruscans
ISBN 978-7-5203-8299-1

Ⅰ.①鸵… Ⅱ.①露… ②戚… Ⅲ.①伊特剌斯坎人
—民族历史 Ⅳ.①K546.8

中国版本图书馆CIP数据核字（2021）第068000号

出 版 人	赵剑英
项目统筹	侯苗苗
责任编辑	侯苗苗　桑诗慧
责任校对	周晓东
责任印制	王　超

出　　版	中国社会科学出版社
社　　址	北京鼓楼西大街甲 158 号
邮　　编	100720
网　　址	http://www.csspw.cn
发 行 部	010-84083685
门 市 部	010-84029450
经　　销	新华书店及其他书店

印刷装订	北京君升印刷有限公司
版　　次	2021 年 7 月第 1 版
印　　次	2021 年 7 月第 1 次印刷

开　　本	880×1230		1/32
印　　张	9.5		
字　　数	186 千字		
定　　价	79.00 元		

凡购买中国社会科学出版社图书，如有质量问题请与本社营销中心联系调换
电话：010-84083683

这是一部内容全面、颇有见地的优秀著作。

——弗雷德·S. 克莱纳（历史学家）

在希普利的著作中，优雅简洁的文笔与富有魅力的主题相得益彰。她用一种适合所有读者的方式，介绍了神秘而非凡的伊特鲁里亚人。

——安东尼·塔克（美国马萨诸塞大学阿默斯特分校教授，奇维塔特山丘考古挖掘项目负责人）

古希腊人渴望给别人留下印象，哥特人更是如此，而伊特鲁里亚人却截然不同。在数百年间，伊特鲁里亚人所做的事情都像呼吸一样简单、自然。他们无拘无束，轻松愉悦，充满活力，甚至连坟墓也并非死气沉沉。这便是伊特鲁里亚人的本质：简单自然，生机勃勃，随心所欲，任性而行。

——D.H. 劳伦斯

本书构思巧妙，每章都聚焦于一件文物或一处遗址，进而探讨一个与之相关的问题……其内容精彩绝伦，既概括了关于伊特鲁里亚人的最新研究进展，更揭开了这一失落文明的神秘面纱。

——《当代世界考古学》

希普利把一件文物或一处遗址作为每章的重点……带领我们探索伊特鲁里亚世界的不同方面。通过这种特殊的方式，作者向我们介绍了已有的考古发现和伊特鲁里亚文物的故事，并考察了一系列关于这些文物的学说……希普利的著作与其研究对象一样迷人，她的作品让我们渴望进一步了解这个充满魅力的民族。

——《密涅瓦》

希普利把古代证据与现代理论巧妙地联系起来，从宏大的背景平稳过渡到迷人的细节上，其文笔流畅自如，写作风格引人入胜……希普利的著作不仅受到学者们的关注，而且能够引发业余读者的兴趣。如果说在近期出版的大量伊特鲁里亚著作中，有一本书可以满足大众的想象，呈现伊特鲁里亚人的独特性格与杰出成就，挖掘其失落的遗产和身后的痕迹，那肯定是希普利的著作。这本书证明，崭新的事实比古老的传说更加有趣。

——《古典学期刊》

斯皮纳

亚得里亚海

马尔扎博托

亚平宁山脉

菲耶索莱

亚诺河

阿雷佐

沃尔泰拉

科尔托纳

台伯河

伊特鲁里亚

特拉西梅诺湖

佩鲁贾

波普罗尼亚

丘西

罗塞尔

维图罗尼亚

奥尔维耶托

博赛纳湖

武尔奇

图斯卡尼亚

维科湖

塔尔奎尼亚

第勒尼安海

布拉恰诺湖

切尔韦泰里

维爱

罗马

N

0   150
英里

© S.Ballard (2017)

伊特鲁里亚和拉丁姆地图，书中地图系原书所插附。

引　言

"失落的文明"一语令人想起印第安纳·琼斯[1]在沙漠里驱车飞驰的情景，还有维多利亚时代勇敢的探险家在密林中艰难跋涉的画面。这些强悍的英雄寻找着隐蔽在森林中或埋藏于沙砾下的城市，那正是典型的"失落的文明"。平心而论，世界上的许多地方都见证了这种冒险与考古的奇妙组合，如掩映在湿热雨林中的吴哥窟和高耸于安第斯山脉上的马丘比丘。19世纪对这些发现的描述为传奇提供了素材，不过那是一种颇具争议的传奇。在这两个案例中，西方探险家都是偶然找到了一处当地人已经知道的地方。"失落的文明"这个短语本身就含有诋毁的意味，仿佛生活在现代的子孙不可能与建造那些伟大遗迹的先人有任何关系。它暗示着如今的柬埔寨人或安第斯山脉的原住民与他们的祖先毫不相干，而殖民者

---

[1]　印第安纳·琼斯（Indiana Jones）：美国系列电影《夺宝奇兵》的主角，是一位热爱冒险的考古学家。按：本书脚注若无特别标注，则为译者注。

可以肆无忌惮地欺压他们。"失落的文明"必须是已经失落的，被不肖的后代主动遗忘了。只有这样，考古学家才能"发现"它，用铲子挖掘它，把它的宝藏运往博物馆，在学术刊物上讨论它的社会生活。然而，它的神秘感依然存在，强调着生者与亡者之间的距离，令人向往一个更加美好的时代，关注遭到遗忘的事物，延续曾经断裂的纽带。

在考古学想象中，有一种观点与"失落的文明"截然相反，那就是认为某个民族"跟我们一样"。当文献资料得以幸存并易于阅读时，我们可以看到早已逝去的古人留下的话语，窥探他们忙碌的日常生活。写给朋友的信件或索要物品的恳求，参加聚会的请帖或约束孩子的规定——这些东西令人感到非常熟悉。而各类著作也使现代人能够宣称自己与古代人拥有相同的价值观，并骄傲地表示自己拥护数千年前的思想家和政治家所阐明的哲学思想与理念。最典型的例子莫过于古希腊罗马文化留下的著作，它们在欧洲政治制度、法律权利、机械工程等多个领域中都是备受推崇的源头。我们不会称之为"失落的文明"，因为它们依然与我们同在。这些文献资料所呈现的日常活动和崇高理想带来了认可与赞同：这些人跟我们一样，他们就是我们想要成为的人。而更加隐蔽的部分则被抛诸脑后：他们不过是我们所了解的古人，或者说是我们自认为了解的古人。

　　这便是我们面对古人的两种极端反应：认同与疏远；靠近与排斥。不过在二者之间，还存在更加复杂而微妙的情感反应，其面对的社会群体既没有欺骗性的熟悉感，也并非象征性的幸存者。它们可以被吸收到现代世界中，或者被随意变成神话并搁置一旁，根据我们的需要而倒向天平的一端或另一端。关于欧洲史前时期的大部分认识都陷入了这种奇怪的深渊，古典文学中出现的名字被强加于曾经存在的群体上，从而为这样或那样的观点乃至特定的民族主义提供支持。神话故事依附着某些古代社会，其内容一部分源于雅典或罗马的流言蜚语，一部分源于文艺复兴时期的想象，还有一部分源于 19 世纪的再发现。缺乏文字记录的古代世界在现代世界的思维中得以重建，所有证据的解释都符合今天的观念。这些神话故事流传已久，能够把一个古代社会推向天平的一端或另一端，使其接近殖民主义的失落文明，或者满足乌托邦式的认同心理。

　　在这些史前时期的社会群体中，有一个就是本书要讨论的对象。数千人的生活，他们居住的地方，他们留下的东西：一切都被拼凑成一个失落文明的神话。在这方面，他们并非最古老的例子：那份荣誉大概要授予米诺斯人，因为米诺斯人是最有可能成为"亚特兰蒂斯"居民的候选者。不过，伊特鲁里亚人的神话始于古代，席卷了中世纪晚期和文艺复兴时期的意大利宫廷，在 19 世纪引发了革命，甚至还躲藏在法西斯主义的背后。今天，它依然发挥着重要的作用，少年爱情故事和恐怖电影从中汲取素材，当地市长和旅游局努力推销遗址的门票，而学者们还在争论两千年前提出的问题。为什么伊特鲁里亚神话，一个欧洲失落文明的传说，具有如此持久的影响力？它源自何处，与我们掌握的考古学证据有着怎样的交集？最重要的是，这个神话是否恰当，我们可以继续讲述它吗？

作为一个挑战希腊支配地位、威胁罗马优越思想的民族，伊特鲁里亚人被这两种文化所强加的神话故事掩盖了真实面貌，而当我们好不容易想起他们时，还要继续跟那些神话故事打交道。在我们想象中的过去，罗马的光辉让整个意大利半岛都黯然失色。伊特鲁里亚是罗马的邻居，也是其竞争对手和最终被击败的敌人，这两种文化的关系错综复杂。罗马作家描写了伊特鲁里亚国王的统治，也讲述了他们遭到驱逐的故事。罗马文化把伊特鲁里亚的服饰和葬礼竞技会[1]改造成自己的文化标志，然而随着城邦向北扩张，罗马军队又在托斯卡纳摧毁了伊特鲁里亚的中心地区。公元前396年的维爱[2]战争标志着伊特鲁里亚开始走向灭亡，但是此后的数个世纪，人们依然在阅读并撰写伊特鲁里亚语和拉丁语的双语铭文。不过，随着罗马的势力范围不断扩大，它与伊特鲁里亚的关系基本被遗忘了，而现代人对意大利过往的印象也是如此。熟悉与陌生的迷人组

---

[1] 葬礼竞技会（funeral games）：为纪念逝者而举办的体育竞赛。

[2] 维爱（Veii）：一座重要的伊特鲁里亚城邦，位于罗马北边。

合，浴室幽默与政治谋杀的奇妙混搭，这就是现代人眼中的罗马特色，几乎没有多少空间留给更加古老而复杂的意大利半岛居民。即使伊特鲁里亚人出现在我们的潜意识中，他们的形象也只是源自记忆模糊的维多利亚诗歌（守门勇士贺雷修斯[1]的敌人 1）和假期在勤地郡[2]参观过的老旧博物馆。本书的目标便是改变这种观点，揭开伊特鲁里亚作为失落文明的神话面纱，希望借助考古学证据，讲述一个更深层次的故事。如果你拿起这本书，那说明你可能是一个对过去感兴趣的人，对古人的命运和遗产充满好奇。本书旨在启发你提出问题，帮助你进一步了解伊特鲁里亚人及其传奇的产生与演变。

---

[1]　贺雷修斯（Horatius）：古罗马共和国时期的一名军官，因在公元前 6 世纪末抵御伊特鲁里亚军队的入侵而闻名；英国维多利亚时期的历史学家、诗人托马斯·巴宾顿·麦考莱曾将其英勇事迹写成一首诗歌，题为《贺雷修斯》。
[2]　勤地郡（Chiantishire）：意大利托斯卡纳的一个地区，因盛产一种名为"勤地"（Chianti，又译作"基安蒂"）的红葡萄酒而得名。

大事年谱

公元前 7000 年	来自近东地区的新石器时代移民遍布欧洲各地，包括意大利。
公元前 3300 年	"奥兹冰人"死去并被冰封于意大利境内的阿尔卑斯山上。
公元前 1600—前 1200 年	青铜时代的泰拉马拉文化和亚平宁文化在意大利中部繁荣发展。
公元前 1100—前 900 年	原始的维兰诺瓦文化出现；双锥骨灰瓮兴起；易守难攻的山顶聚居地形成。
公元前 900—前 700 年	维兰诺瓦时期。社会阶层增加；有更多证据表明伊特鲁里亚人与欧洲北部、希腊和近东地区之间保持贸易往来；土葬逐渐开始流行。
公元前 700 年	首个伊特鲁里亚字母表马西利亚纳蜡版诞生。

公元前 675 年	伊特鲁里亚经典的布凯罗黑陶在卡厄瑞制成。
公元前 675—前 650 年	奇维塔特山丘的第一批主要建筑落成（带有铺着瓦片的屋顶）。
公元前 635 年	科林斯人发明了在陶器上描绘黑色人物图案的技术，后被雅典人采用。
公元前 625—前 550 年	伊希斯坟墓的各种物品得到制作和存放。
公元前 540 年	奇维塔特山丘遭到摧毁和废弃。
公元前 535 年	伊特鲁里亚人和迦太基人的船只在科西嘉岛附近的阿拉利亚战役中击败希腊军队，四年前他们曾经被希腊人赶出这座岛。
公元前 530 年	雅典人发明了描绘红色人物图案的技术，后被伊特鲁里亚人采用。
公元前 509 年	传闻中伊特鲁里亚国王被赶出罗马的时间。
公元前 500 年	伊特鲁里亚南部的海运中心开始出现经济衰退的情况。
公元前 484 年	希罗多德出生的大致时间。

公元前 474 年　　　　　　　伊特鲁里亚海军在库迈附近被击败，标志着伊特鲁里亚势力在意大利南部的终结，那里很快变成了希腊人的殖民地。

公元前 400 年　　　　　　　北方的凯尔特民族向南迁移，减少了伊特鲁里亚在意大利北部的影响力，并于公元前 390 年洗劫罗马。

公元前 396 年　　　　　　　维爱遭到围攻，通常被视为伊特鲁里亚政治支配地位的终结点。

公元前 321 年　　　　　　　希俄斯岛的塞奥彭普斯在亚历山大里亚去世。

公元前 280 年　　　　　　　罗马攻占武尔奇。

公元前 264 年　　　　　　　沃尔西尼（即奥尔维耶托）在一次人民起义后战败，罗马的注意力转向迦太基，第一次布匿战争开始。

公元前 150—前 100 年　　　皮亚琴察铜肝被制作并使用。

公元前 59 年—公元 17 年　　《罗马史》作者李维在世的时间。

公元 41—54 年　　　　　　克劳狄乌斯统治期间，这位罗马皇帝对已经基本失传的伊特鲁里亚文化非常着迷。

公元 456 年   有文献提到了塔尔奎尼亚地区的主教；基督教取得胜利。

公元 1296 年   历史文献首次记载了伊特鲁里亚文物的出土，这批人工制品是在阿雷佐城修建防御工事期间被发现的。

公元 1435 年   美第奇家族的科西莫在佛罗伦萨掌权。

公元 1513—1521 年   利奥十世的教皇任期，他是"伟大的"洛伦佐·德·美第奇的儿子。

公元 1723 年   托马斯·科克重新出版了托马斯·登普斯特的《高贵的伊特鲁里亚》。

公元 1726 年   伊特鲁里亚学会在科尔托纳成立。

约公元 1760—1820 年   "伊特鲁里亚热潮"席卷欧洲。

公元 1763 年   温克尔曼指出"伊特鲁里亚陶器"是古希腊的。

公元 1776 年   瓜尔纳奇博物馆在沃尔泰拉建成，这是第一座面向公众的伊特鲁里亚博物馆。

公元 1796 年　　　　　拿破仑·波拿巴控制了意大利，后来他的弟弟吕西安在托斯卡纳开始了考古挖掘工作。

公元 1848 年　　　　　乔治·丹尼斯向满怀崇拜的公众介绍了自己的冒险活动。

公元 1864 年　　　　　加里波第进军罗马，标志着意大利开始成为现代的独立国家。

公元 1867 年　　　　　包裹着亚麻布书的木乃伊结束了它在萨格勒布的旅程。

公元 1922 年　　　　　墨索里尼在意大利掌权；中世纪城市科尔奈托改名为"塔尔奎尼亚"。

公元 1927 年　　　　　D. H. 劳伦斯游历托斯卡纳地区；一年后，《查泰莱夫人的情人》在佛罗伦萨出版。

公元 1939 年　　　　　马西莫·帕罗提诺质疑希罗多德的观点，提出伊特鲁里亚人起源于意大利本土。

公元 1944 年　　　　　意大利在第二次世界大战期间出现分裂的情况；马尔扎博托发生大屠杀。

公元 1953 年	DNA 被发现，后来成为解决伊特鲁里亚人起源问题的主要武器。
公元 1964 年	皮尔吉金板出土。
公元 1985 年	首届"伊特鲁里亚年"庆典举行，后于 2015 年再度举行。
公元 2003 年	地狱战车之墓在萨尔泰亚诺出土。
公元 2008 年	经济危机发生；始建于中世纪的意大利银行开始倒闭；意大利考古学和遗产保护的经费紧缺。
公元 2016 年	维吉尼亚·拉吉当选为罗马市长，她是图利娅之后的第一位女性罗马统治者。

图 1 "餐厅之墓"里描绘的伊特鲁里亚音乐家，出土于塔尔奎尼亚

目　录

第一章

为什么伊特鲁里亚人很重要？

伊特鲁里亚时期留下的最惊人的物品之一现藏于伟大的巴黎卢浮宫。绕过《胜利女神》[1]，避开《蒙娜丽莎》，你会看到一件引人注目的雕像，刻画了一男一女，二人的姿势非常亲密。他们用胳膊肘支撑着侧躺的身体，女人靠在男人怀里，修长的腿部紧紧相依，男人赤裸的双足弯向女人的尖头靴子。雕像的尺寸几乎跟真人一样，所以当你凑近时，你的目光会对上两双杏仁状的眼睛。在眼睛下面，两张黏土制成的脸庞带着淡淡的微笑——他们的嘴巴微微张开，嘴角向上翘起，表情完全相同，隐含着一丝戏谑的意味。两人都有特殊的手部动作——女人双手悬空，仿佛正在讲故事；男人一条胳膊搭在女人的肩膀上，另一条胳膊的肘部支撑着身体，脸庞微微转向他的伴侣。他们的衣服显得颇为精致，细密的褶皱垂到躺椅上，华丽的枕头垫在底下，塑造出富有、自信与恩爱的形象。他们是一对完美夫妻，足以登上现代的任何八卦杂志。

这件雕像的另一个版本现藏于国立伊特鲁里亚博物馆，那是罗马水平最高而游客最少的博物馆之一，设在宏伟壮观却又摇摇欲坠的朱莉亚别墅[2]里。两件雕像来自同一个地方，那是罗马北边的

---

[1]《胜利女神》(*Winged Victory*)：即《萨莫色雷斯的胜利女神》(*Winged Victory of Samothrace*)，一尊创作于公元前 2 世纪左右的大理石雕塑，自 1884 年起在卢浮宫的显著位置展出，是世界上最著名的雕塑之一。

[2] 朱莉亚别墅 (Villa Giulia)：位于意大利罗马的一座别墅，由教宗儒略三世在 1551—1553 年修建，于 20 世纪初改为国立伊特鲁里亚博物馆。

图 2　《赤陶棺上的夫妇像》，19 世纪出土于切尔韦泰里，现藏于巴黎卢浮宫

一座小镇，如今几乎被完全遗忘了，尽管联合国教科文组织已经将其选入世界文化遗产名录。切尔韦泰里，即古代的卡厄瑞，曾是前罗马时代意大利最伟大的城市之一。卢浮宫和罗马展出的夫妇像是此地上流社会的一部分，这个群体被消灭得非常彻底，只有在坟墓中还保留着残存的痕迹。上述雕像并非如卢浮宫收藏的其他珍宝一样，只是为了装饰房屋或神殿而设计的物品，仅仅满足审美需求。

它们还有一项功能、一个用途，那就是充当亡者的棺材。

这些人是谁？他们的真实关系是什么？他们是否为了修建坟墓而摆出亲密的姿势，实际上却在苦涩的婚姻生活中不断抱怨和争吵？他们的家族是如何变得非常富有，以至于能够用这种方式来埋葬他们？他们的家族为什么选择把辛苦赚来的金钱花费在已经无法表达感激的逝者身上？这对夫妇是怎么死的？他们有孩子吗？望着他们的脸庞，我们会产生许多疑问，然而赤陶的嘴巴是永远也无法开口回答的。从朴素的屋顶瓦片到奢华的黄金首饰，每一项考古学发现都会引发一连串的思考，而所有思考都可以归结为一个基本问题和一项重要比较：这些人是如何生活的？他们又如何影响我们现在的生活？在伊特鲁里亚作为一种独特文化而消失的几百年后，人们便开始提出这样的问题。从那时起，我们不断地创造答案，也创造了许多关于伊特鲁里亚人的观点。试图再问一遍这对夫妇是谁、他们有过怎样的生活以及他们的生活如何影响我们的生活，就相当于在这些观点中寻找正确的方向。为什么要这样做呢？因为伊特鲁里亚人生前身后留下的痕迹和他们迫使我们面对的问题跟现代世界息息相关——构成伊特鲁里亚考古学的困难问题和复杂答案显示了我们生活中一些最黑暗、最棘手的问题。

《赤陶棺上的夫妇像》（约公元前 520 年）是伊特鲁里亚世界中最著名的象征物之一，也是一个理想的起点，我们可以由此出发，探索一系列核心问题，从而对这个世界的居民形成我们的看法。一件墓葬品无论多么迷人，也不足以成就一本书。接下来的每一章都关注一件不同的人工制品或一处遗址，它们将各自引出一个关键问题，涉及制作这些东西或住在这些地方的伊特鲁里亚人。伊特鲁里亚的人工制品数量众多，并且仍在增加，若向读者全部呈现，必要浪费大量篇幅描述各种器皿的外形，或者对金属加工技巧进行冗长的学术讨论。然而，我想通过聚焦于一件物品或一处遗址，让读者的注意力集中到一个具体的例子上。除了卢浮宫和朱莉亚别墅收藏的夫妇棺，还有一些年代较晚的棺材，我可以把它们全部介绍一遍，但那依然无法帮助我们解决最核心的问题，即这对夫妇是谁以及他们有过怎样的生活。单一的物品和独特的地方有可能包含着重大问题，而那些问题正是本书所关注的对象。

为什么要把重点放在考古学上？因为物质能够使人信服，它是客观、实际、坚韧而持久的存在，可以悄无声息地渗透到各个角落。我们自认为生活在一个数字化程度越来越高的世界里，但是文字和图像依然层出不穷，故事依然通过物质来讲述。我们依然利用物质向世界展示自己，我们拥有的东西依然是定义我们的重要因素。在物质的帮助下，我们不断地塑造和改变自身。我相信在这方面，古代与现代并无不同。我们可以通过物品了解那些制作、使用并最终抛弃它们的人——他们的自我改造过程也隐藏在物品中，就像我们一样。而且，这些物品中往往包含着最根本的问题，即我们选择如何生活，这类问题构成了我们的行为和反应，改变并考验着我们的想法和感受。问题与物品堪称人类经历的两大支柱。

每件物品都对应着一个关键问题，而且这些问题依然具有现实意义。一大串文本填满了伊特鲁里亚物品与当今问题之间的数个世纪，那些文本的作者都对伊特鲁里亚人颇感兴趣，却又受限于自己的时代和生活。他们的个人经历影响了他们对物品的看法以及他们讲述的故事，这种情况在部分案例中显而易见——我们不难猜想，中世纪的修道士在撰写关于伊特鲁里亚人的著作时，肯定怀有某种特殊的意图；我们也能理解，明确的政治立场会决定态度，所以文艺复兴歌颂伊特鲁里亚人，而古希腊则诽谤伊特鲁里亚人。不过除此之外，还有更加隐晦的形式在操纵伊特鲁里亚的遗产和故事，考古学解读就属于这一类。它跟文献资料一样具有主观性，容易犯错，因为它也是人的产物，而人又是经历的产物。即使当纯科学介入时，无论是遗传分析还是花粉采样，其解读者仍然是人，而每个人都有无法避免的内在化意图。因此，本书讨论的对象既是伊特鲁里亚人，也是撰写了这些故事的人。

本书的内容安排大致符合年代顺序，这点需要稍微说明一下。对考古学家而言，给时间分段是一种罪恶的快乐，把过去整齐地划分成几个便于处理的部分，可以简化关于漫长历史的思考。有时这些分段由特定的事件决定，但在多数情况下，当考古学家谈论不同的阶段时，他们指的是物品风格的逐渐变化，也就意味着物品拥有者和制造者的生活方式变化。然而，物品的变化并非发生于一夕之间。相反，这些变化是一种波动的过程，无法限定在几十年或几百年内，更不能追溯到某个阴雨连绵的周二下午，规定一个革命性的时刻。这类变化取代了历史事件，尤其是在明显缺乏历史事件的史前时期。文化变迁被改造和操纵，用来界定在人生层面上没有意义的时间段。随后，经过划分的时间段便获得了名称，但这些名称更多地反映了命名者的成见，而非真实的考古学记录。

例如，在伊特鲁里亚考古学的传统术语中，公元前780—前620年被称为意大利中部的"东方化"时期，因为考古学家认为当时流行的风格受到了近东地区的影响。于是，长达160年的时间——相当于四到五代人的生命——被压缩成了一个分类。请想想一代人经历的所有事情，甚至十年内发生的所有事情。虽然在现代世界，技术知识的发展及其对生活的影响似乎加快了变化的速度，但无论如何，把人生变化的可能性淹没在时间的长河里，终究是很有问题的做法。而且，考古学家还根据一组人工制品为这段时间命名，用伊特鲁里亚与一个外来群体的关系总结了那160年的所有瞬间。我们可以用一个现代的例子进行类比，如果基于美国对英国文化习俗的影响，把英国的1900—2050年称为"美国化"时期，是否合适呢？这种命名方式（见表 1）在很大程度上借鉴了用于界定古希腊变化与发展的历史分期，并根据伊特鲁里亚的情况进行了调整。

表 1　　　　　　　　　　伊特鲁里亚考古学的传统历史分期

时期	年代
维兰诺瓦时期	公元前 950—前 780 年
东方化时期	公元前 780—前 620 年
古风时期	公元前 620—前 450 年
古典时期	公元前 450—前 300 年

本书提到的大部分年代都是经过更加详细的风格研究而得出的结论，即观察物品的变化并根据设计的发展来确定考古学特征的年代。通过把单个人工制品的风格特征和现存事物的各种组合联系起来，可以为大多数考古学背景提供年代上限，这是考古学测年的基本方法。当然，还有一些更加绝对的测年方法，最著名的就是放射性碳定年法。这项技术在 20 世纪中期给考古学测年带来了一场革命，其原理是所有生物吸收的碳 14（碳的一种放射性同位素）会按照一定的速率衰变。通过分析生物残骸（如动物的骨头或烧焦的木块）中现存的碳 14 含量，可以推测出树木、动物或人死亡的时间。

遗憾的是，伊特鲁里亚时期的放射性碳定年受到了所谓"哈尔施塔特平顶"的影响，这个问题得名于奥地利和德国的史前居民，他们大约与伊特鲁里亚人生活在同一时期。"哈尔施塔特平顶"也被称为"公元前第一个千年的测年灾难"。问题之所以会出现，是因为我们需要将放射性碳定年转换成日历年，具体做法是把放射性碳的测定结果和其他可靠的测年形式进行比较，如利用树轮数据。树木的生长速率取决于每年的气候变化，从而形成了独特的年轮图案，对应着不同的时间阶段。然而，根据这两组数据绘制的校正曲线在伊特鲁里亚时期的中间有一部分颇为平稳，导致公元前800—前400年的日期只能被追溯到这个庞大的时间范围，却无法得出更加精确的结果。鉴于此，大多数研究伊特鲁里亚遗物的考古学家都认为放射性碳定年没有意义，不愿为此投入宝贵的科研经费。

　　具体到卢浮宫里那尊迷人的夫妇像，可以根据赤陶棺材的风格来推测其年代。我们基本确定，它出现在公元前6世纪末，即公元前525—前500年前后，正处于古风时代的中期。那时，切尔韦泰里的工匠非常精通黏土雕塑艺术。除了这两具棺材，城里的工匠们还制作了复杂的陶板和精致的陶罐，用于装饰房屋以及后来的坟墓。令人失望的是，房屋的幸存数量和保存状况远远不及坟墓。实际上，在切尔韦泰里，死者的坟墓都是按照严格的布局方案排列，而且很可能模仿了生者的房屋[1]：就像在城市里又建造了一座城市，把棺材摆在中央；这个地方属于逝去的祖先，却反映着当前的世界。

从切尔韦泰里出土的棺材似乎也让现代读者感到失望，因为我们已经习惯了顶尖的工艺技术或详细的文献记载。巴黎卢浮宫收藏的夫妇像是在1861年被拿破仑三世买去的，而它的出土时间还要提前十六年，最初的发现者是一位痴迷于艺术和古董的贵族——坎帕纳侯爵。他在自己居住的坎帕纳别墅重建了一座伊特鲁里亚坟墓，旁边有许多真实的古代纪念物，包括一大片古罗马渡槽²。我们并不清楚原本放置夫妇像的坟墓是否被盗，但可以肯定的是那对夫妇的尸体已经不存在了。我们甚至不知道他们是被火化了还是被完好地埋在了他们的赤陶雕像之下，也很难确认他们的坟墓究竟是哪一个。

更难了解的是那对夫妇生前居住的世界。不过，在一些最新[1]获得的考古信息的帮助下，我们还是可以较好地掌握²切尔韦泰里的环境以及伊特鲁里亚文化蓬勃发展的背景。从切尔韦泰里向北一小时车程的地方，有一处死火山的火山口，如今已经变成了维科湖。那座火山在大约13.8万年以前便停止喷发，为沉积物在湖底的积累留出了充足的时间。钻孔岩芯的分析表明，土层中含有古代的花粉颗粒。通过追溯花粉颗粒的年代，科学家们可以准确地找到伊特鲁里亚时期，记录当时该地区生长的植物种类。结果，其多样性令人

---

[1] 本书首次出版于2017年。

震惊：这一时期的花粉代表了超过 750 种不同的植物，并且全部跟橡树林有关[3]。海滨城镇格罗塞托附近有一座伊特鲁里亚农庄，科学家们对此处的花粉样本做出类似的分析，进一步证明了铁器时代晚期的景观确实如此：茂密的森林里夹杂着一块块经过开垦的土地[4]。

这项可靠的科学研究打破了关于意大利景观恒久不变的幻想。伊特鲁里亚人的领地统称为伊特鲁里亚，从切尔韦泰里向北延伸，包括拉齐奥的北部、托斯卡纳和翁布里亚的大部分地区以及艾米利亚 – 罗马涅的南部。在鼎盛时期，伊特鲁里亚的影响力可以扩散到威尼斯潟湖以南的亚得里亚海沿岸以及那不勒斯湾。不过，中间的那个区域才是伊特鲁里亚的心脏地带，范围大致在台伯河与亚诺河之间。它涵盖了一些意大利最富吸引力的景观：排列成行的青翠柏树依偎着连绵起伏的金色山丘，这样的画面激发了诗人和艺术家的灵感，并最终出现在日历和屏幕保护程序上。然而，即便是在这里，也仍然留下了一片片古代的橡树林，俗称"博斯科"（bosco），意为"丛林"。这些幸存的树林依然带有某种原始的特质，在亚平宁山脉的脚下茁壮成长。等到游客离开以后，纷飞的大雪便提醒我们，伊特鲁里亚人并非永远都在享受充满美酒与阳光的夏季。

不过，当太阳真的出来时，温度最高之处是伊特鲁里亚的西部边缘，即马雷马湿地的沿海区域。这里曾经是一片疟疾肆虐的危险沼泽，下一章将详细介绍当地牛群的遗传特征。排水系统的引入消灭了蚊子，但是夏季的潮湿和沉闷依然存在。湿地中点缀着平缓的斜坡和零星的小山，爬上去可以摆脱下面的空气，极大地缓解闷热的感觉。排水系统的出口通往第勒尼安海，这是地中海的一部分，由于古希腊人把伊特鲁里亚人称作"第勒尼安"而得名。沿着海岸线往南，湿地又变成了丘陵，而内陆则分布着一系列火山湖：除了前面提到的维科湖之外，还有布拉恰诺湖和博赛纳湖。其中，布拉恰诺湖位于最南端，再往南就是不断扩张的罗马，工业城镇在台伯河谷的平原上挣扎，郊区的铁路建设带动了住宅楼大量涌现，列车通过画满鲜艳涂鸦的地下隧道驶向罗马特米尼车站。

在意大利的这个地区，中世纪的历史极大地影响了现代的面貌。锡耶纳就是一个很好的例子：它始终没有从 14 世纪的黑死病中恢复过来，那场灾难使这座城市的人口减少了近 2/3。在经历了疾病和饥荒之后，人们的生命又受到了流浪雇佣兵的威胁，其中还包括一群凶残的英国士兵，他们在法国的百年战争结束时逃往了南边。乡村变得空无一人，幸存者都集中到山顶，建立了易守难攻的聚居地。许多山上的城镇都有古老的起源，但是城镇之间的旷野并不会让曾经在此居住的伊特鲁里亚人和古罗马人感到熟悉。伊特鲁里亚农庄的遗迹遍布整片地区，在那些小型农场里，人们开垦原始森林，依靠田地生活[5]。这个地区的大规模森林砍伐开始于古罗马时期，结束于中世纪早期，造成了深远的影响。森林的减少导致大量土壤随着伊特鲁里亚的江河流失，进而使海岸线改变了形状，这个现象在台伯河三角洲最为明显。古罗马的伟大港口奥斯蒂亚现在已经深入内陆 3 千米，当地的贸易也不再发达。人们以为托斯卡纳的景观自古如此，但实际上这是森林遭到破坏的结果[6]。

　　这就是那对夫妇生活的世界，既有森林，也有农田。大地可以使他们变得非常富有，足以买下做工精巧的墓葬品。当树木刚刚被砍伐时，伊特鲁里亚的土壤十分肥沃。把剩余农产品拿来交换贵金属可能是一条生财之道，不过伊特鲁里亚的土壤还提供了一个潜在的收入来源。这里是地中海沿岸金属矿产最丰富的地区之一。在托斯卡纳丘陵产出的金属矿石中，利润最高的大概是铜矿，可以用于制作青铜，但银矿和铅矿也得到了开采。铁矿是另一个重要的财富来源，其储量主要集中于厄尔巴岛，人们在海滨城市波普罗尼亚发现了冶炼的证据。伊特鲁里亚的工匠之所以拥有高超的专业技术，是因为他们能够直接接触当地出产的高质量金属。他们制作的各种物品以及等待打磨的精炼铸锭，都可以用于买卖、收藏、交换和储存——这又是一条大自然赐予的生财之道。

　　卢浮宫所藏的赤陶棺是伊特鲁里亚大地在某个历史时刻的产物。然而，它还属于一个更加广阔的世界，其范围早已超越了意大利。装饰雕像的鲜艳色彩与东方（今土耳其）的艺术品颇为相似，面带微笑的脸庞也许受到了当时流行的爱奥尼亚风格的影响。那个女人似乎拿着香水，而她的香水可能来自更远的地方，比如阿拉伯半岛的沙漠，香水中含有昂贵的油料和松脂，既能涂抹死者的尸体，也能让活人身上散发出芬芳。这具赤陶棺体现了地中海周围的人口流动，而棺材里的夫妇则代表了一个国际化的群体——他们隔着遥远的距离，却拥有相同的爱好与时尚。船舶在地中海里来回穿梭，陆上贸易跨越了阿尔卑斯山，伊特鲁里亚的人工制品最远到达了北边的德国。伊特鲁里亚人只能被看作这个复杂世界的一部分，就连那对看似平静的夫妇也不例外。这是一次铁器时代的大融合，人口和物品在不断地移动，而伊特鲁里亚人既是竞争者，又是参与者。移动的问题是下一章的核心，我们将回溯过去，探索伊特鲁里亚人的起源。起源是许多民族确立身份的基石，无论古今，而下一章的根本问题就是我们如何得知伊特鲁里亚人来自哪里、我们对此了解多少，以及这种归属的观念为何在 21 世纪依然值得关注。

已知与未知，转瞬即逝与看似永恒，失落的文明与发现的文明——这几组对比是本书讨论的重点。研究伊特鲁里亚人就是梳理介于极端之间的部分，考察迥然相异的故事和传说怎样把我们的看法从一边推向另一边。不过，这些问题在伊特鲁里亚人生活中的地位至少跟它们对现代社会的影响一样重要。因此在接下来的章节中，本书将从多个角度入手，说明二者之间的联系。

第二章　故乡在何方？

从深蓝色的第勒尼安海向高处的塔尔奎尼亚小镇攀登，弯曲的 U 型道路连接起古老的中世纪小镇和下方的现代海滨度假村，并引领你穿过住宅和厂房。一旦抵达山顶，你就会看到许多跟伊特鲁里亚有关的东西——明信片、仿制品、公交车上的贴纸以及冰激凌店的海报。如果有一个地方能被称作伊特鲁里亚的热门景点，那就是这里。小镇另一侧的山坡上排列着许多彩绘坟墓[1]，吸引了游客们的注意。不过考古学家会告诉你，最好还是先参观博物馆。本章主要讨论的物品现藏于塔尔奎尼亚国立博物馆，保存在一座适宜避暑的中世纪宫殿里。这件物品可以追溯到公元前 9 世纪末或公元前 8 世纪初，因此是本书中最古老的人工制品。它由一种灰黑色的黏土制成，表面泛着柔和的光泽，这种材料被称为"伊姆帕斯托"[2]，后来不断发展，成就了伊特鲁里亚世界中最美丽的艺术形式之一。这件物品是一个骨灰瓮，用来盛放人类或动物火化后的骨灰。

意大利已知最早的火化案例出现在南边的阿布鲁佐和普利亚，距离塔尔奎尼亚较远。这些案例非常独特，可以追溯到新石器时代 1，两个地方都有儿童的遗骸。在阿布鲁佐的骨灰瓮里，一个女人的骨

---

[1]　彩绘坟墓（painted tomb）：指内部有彩绘壁画的坟墓。
[2]　伊姆帕斯托（impasto）：一种可以制作陶器的粗糙黏土，本为棕红色，烧制后呈黑色，且有光泽。

灰被撒到两个孩子的遗骸上 [2]，而普利亚的一个孩子则显示出受过外伤的痕迹 [3]，这使我们产生了疑问：他们的死因是什么？为何要采取如此不寻常的埋葬方式？在考古学研究中，有一条不言而喻的真理，那就是死者不会埋葬自己，我们应当切实地考虑这条真理的含义。火葬需要人们为处理尸体投入大量的时间和精力。撒丁岛的萨菲古出土了青铜时代早期的火葬遗骸，我们发现尸体曾暴露在400—800 摄氏度的高温下 [4]。即使在森林覆盖率远胜今天的环境里，要想把柴堆加热到那种程度，所需的木材数量依然非常惊人。等到燃料收集完毕，尸体焚烧的壮观场面会给旁观者留下深刻的印象，

图 3　蒙特罗兹墓地的棚屋骨灰瓮，出土于塔尔奎尼亚

这种方式强调了死者的价值，并将其烙印在活人的记忆中。

至青铜时代中期，这种极为昂贵的丧葬方式在欧洲流行起来，中欧地区出现了所谓的"骨灰瓮文化"，人们把死者埋在巨大的火葬墓园中。德国南部最大的一片骨灰瓮墓园见证了超过一万场昂贵的火葬。这种火化尸体的方式在北欧流行了至少一个世纪才传到意大利半岛，而且原始的土葬并没有被时髦的瓮葬所取代，二者乃是并行不悖的。其他事物似乎也传到了南边，包括陶器的风格和金属制品的精巧设计。然而，根据考古学记录来看，聚居地的情况并未发生变化，人们的生活基本没有受到影响，只是他们的丧葬方式不再单一。有些人认为，火葬和新式陶器的传入暗示着人口的流动，尽管村庄没有变化，时间跨度也难以解释。因此，从一开始，塔尔奎尼亚骨灰瓮就关系着一个非常重要且依然迫切的问题：伊特鲁里亚人来自哪里？

塔尔奎尼亚骨灰瓮完美地体现了故乡的概念，因为它的形状恰是一栋房子。类似的物品通常被称作"棚屋骨灰瓮"[5]。但是，只要看一眼就会发现，如此形状的建筑显然不只是"棚屋"，它有着高大宏伟的外观，在设计中巧妙地融合了装饰性结构。最显著的特征是一系列隆起的房梁，沿着屋脊对称分布。屋脊上有两排鸟首，嘴巴的形状很像鸭子。每对鸟首都向外探头，背对着彼此，面朝参观者。这种建筑整体呈圆形，有一个方形的门框标志着入口，死者

烧焦的断骨就是通过这个门框放进去的。有些骨灰瓮还保留着一扇
门，拴在上方的孔洞里，悬挂在入口处。骨灰瓮的外表颇为光滑，
只是门框周围有三道勾勒轮廓的线条，底部还有一圈环状的凸起。
透过入口，可以看见里面的遗骸，那些灰色和白色的残屑便是数以
千计的人体碎片。

　　类似的骨灰瓮很可能代表了现实生活中的房屋[6]。也就是说，
它们展示的建筑设计传统至少可以追溯到青铜时代。这种房屋用易

图4　修复后的双锥骨灰瓮，现藏于沃尔泰拉的瓜尔纳奇博物馆

腐的木材和茅草搭成，外面涂着厚厚的混合物（包括泥巴、秸秆、动物粪便、毛发以及其他建造者认为合适的东西），无法像后来的石头房屋那样保存完好。从考古学角度来讲，这类建筑通常只会留下埋过柱子的黑洞。在意大利中部的许多地方，挖掘者都发现了这种细微的线索，因此可以重建公元前 1000 年之初的建筑。那些建筑跟北边流行"骨灰瓮文化"的聚居地颇为不同，后者的房屋呈长方形[7]，而前者则跟这个骨灰瓮非常相似，整体比例接近正方形，拥有圆形的四角和弧形的正面。格兰卡罗遗址在公元前 13—前 8 世纪被人占用，于公元前 750 年前后遭到废弃[8]，现在已经沉入博赛纳湖底。湖水中保存了一些易腐的有机物质，揭示出一座村庄的面貌，其房屋的构造风格跟前文介绍的骨灰瓮相似，这座村庄经历过火灾和洪水，多次以同样的方式得到重建。

让我们回到骨灰瓮出现的背景，当它被埋葬时，塔尔奎尼亚已经是一个颇具规模的聚居地了，来自小村庄的人们集中到一起，组成了更大的社区。他们在如今被称作奇维塔的山上安家立业，从那里挖掘出来的遗迹不只是早期的聚居地，还有后来的伊特鲁里亚城市，二者的位置完全重合。这个聚居地坐落在一片山坡上，位于骨灰瓮出土地的另一侧，面对着中世纪小镇崛起的地方。次地表考古发现的建筑结构和地表考古发现的文物（主要是破碎的陶器）表明这片高原上曾经有一座小镇，其形态随着房屋的建成、使用、废弃和再次使用而变化。不过，在奇维塔之外，还有许多建筑的遗迹，它们沿着一条东西方向的轴线分布，靠近一片主要的墓葬区，即阿卡特拉墓地。显然，有人明确规定了这些建筑在更大范围的聚居地内应该如何排列。那是一个布局严整的空间，道路连接着房屋、仓库和一座像是用来举行仪式的建筑，在现代的农业景观中，依然能看到这些道路。

上面提到的那座建筑颇为神秘。在后来建成的神庙底下，挖掘者发现了一处坑洞，里面有一个孩子的遗体。这场葬礼可以追溯至公元前 9 世纪末，那正是高原聚居地建立的早期阶段，它似乎表明在塔尔奎尼亚作为城市发展的最初阶段，这片地区是与众不同的[9]。有一点可以证实这个猜想，那就是被埋葬的孩子并非普通人——遗体的检验结果显示，这个孩子可能患有癫痫症，其发作时的痉挛也许会被当成与神沟通或预见未来的表现。后来的伊特鲁里亚神话提到，塔尔奎尼亚附近的一位农夫在地里发现了一个孩子，他教人们如何预测未来（详见后文）。虽然把传说与考古学联系起来非常诱人，但这场葬礼的主要意义还是体现了一种信仰的延续性，它围绕着一个重要的中心地点，历经数百年的变迁而幸存下来。

这种延续性值得思考，因为它关系到我们眼前的问题：伊特鲁里亚人是谁？是居住在塔尔奎尼亚、制作了骨灰瓮、建造了房屋并在特殊地点埋葬了一个特殊孩子的那些人吗？鉴于目前所讨论的具

图 5 精美的维兰诺瓦青铜头盔，来自公元前 9 世纪的墓葬

体证据以及考古学方面的一般证据（陶器和金属制品的风格，该地区内其他像格兰卡罗一样被长期占用的聚居地），你肯定会这样认为。然而，古代作家的作品却呈现了一个截然不同的故事。希罗多德（约公元前 485—前 426）因其撰写的起源故事而成为第一位专业的历史学家，他表示伊特鲁里亚人是从地中海东部来到意大

利的，他们的故乡在吕底亚，即今天的土耳其[10]。他讲述了一场危机——人口太多，食物不足。对于吕底亚国王阿提斯来说，解决方法显而易见，他让臣民抽签来决定命运。他的亲生儿子第勒努斯将率领不幸的失败者前往一片新的土地，而他们跨越的海洋就以第勒努斯的名字来命名。在意大利登陆之后，他们迅速地战胜了当地人，建立了一个繁荣的新王国。

这是一个很好的故事，包含了许多有趣的要素——英俊潇洒的勇士、充满危险的旅程、关系破裂的皇室。然而，到了古罗马时期，其他历史学家却认定希罗多德的叙述是错误的。李维在公元前1世纪的著作中断言伊特鲁里亚人和北欧民族的关系更加密切，这种看法可能源于一个旧观点，即火葬在青铜时代的传入伴随着人口的流动，不过它也把伊特鲁里亚人与当时的蛮族敌人巧妙地联系了起来[11]。李维，即提图斯·李维乌斯·帕塔维努斯，他在罗马生活和工作，或许接触过伊特鲁里亚人的后代。这些幸存者已经适应了南方邻居的统治，成功地融入了罗马的上层社会，即使没有撰写书面文本，他们也能分享自己的口述历史和起源神话。后来的罗马作家老普林尼（公元23—79）同意李维的看法，认为伊特鲁里亚人跟一个名为"雷蒂"的北欧民族有关，这个民族被四处劫掠的高卢人赶到了南方[12]。哈利卡纳苏斯的狄奥尼修斯是一位生活在罗马世界里的希腊学者，他宣称伊特鲁里亚人就是意大利人，并且一直都是，从而抛弃了流行的移民猜想，转向更加平凡的土著观点。令人困惑的是，历史学家塔西佗（因详细描写罗马统治的不列颠而闻名）支持希罗多德的主张[13]。跟李维一样，塔西佗也曾在罗马生活和学习，有机会见到伊特鲁里亚人的后代并与之交谈。如果塔西佗听他们亲口讲述了自己的故事，那么他的信息提供者显然与李维的信息提供者持有截然不同的观点。

至古罗马时代末期，基督教崛起，罗马城没落，意大利被夷为平地，伊特鲁里亚文献遭到毁灭，而历史则变得更加扑朔迷离。各种各样的故事浮出水面，试图解释伊特鲁里亚人究竟是谁。当然，这些故事的作者并非伊特鲁里亚人，而是希腊人或罗马人，对于他们所属的群体来说，伊特鲁里亚人是威胁、敌人和异族。因此，上述解释起源神话的每位学者都把伊特鲁里亚人跟自己写作时面临的其他威胁联系起来。在公元前5世纪写作的希罗多德把目光投向了东方，他认为伊特鲁里亚人（当时他们已经把希腊人的统治限制在地中海西部）原本是吕底亚人，那是一个被波斯帝国吞并的民族。在希罗多德一生的前三十五年中，波斯帝国一直在与希腊人交战。把西方的威胁同希腊的东方敌人联系起来，可能是一种非常自然的做法。

几个世纪后，在李维生活和写作的时代，罗马的统治范围不断

图 6　公元前 8 世纪的青铜水桶，它展示的几何装饰图案在双锥骨灰瓮上也能看到

扩张，共和国末期和帝国早期的征服者向北推进，穿过高卢，在李维临终之前，罗马军队终于彻底控制了阿尔卑斯山的叛乱民族，后者所在的地方就是今天的瑞士和奥地利。在老普林尼和李维的笔下，这些敌人跟伊特鲁里亚人有血缘关系，他们将陆续被打败，屈服于罗马的势力之下，就像他们的古代亲戚一样。作为一名土耳

其出身的希腊人，哈利卡纳苏斯的狄奥尼修斯同样符合我们的理论，他很可能巧妙而有意地让伊特鲁里亚人远离吕底亚，牢牢地扎根在罗马霸主的故乡[14]。就塔西佗而言，这种联系不那么明显，但是他对东方模式的偏爱或许离不开他在作品中描述的另一场东方叛乱——犹太起义[15]。于是，伊特鲁里亚人再次被塑造成来自东方的敌人。

图 7　朴素的维兰诺瓦青铜搭扣

有一些考古学证据可以被理解为伊特鲁里亚人起源于东方的支撑。公元前 8 世纪末，在那个骨灰瓮入土后的五十年到一百年，受到地中海东部设计风格影响的各类物品开始出现在伊特鲁里亚人的墓葬中[16]，它们展示的图案明确体现了东方的思想，甚至可以跟遥远的伊朗联系起来，而来自埃及和撒哈拉以南非洲的原材料也进入了伊特鲁里亚人的坟墓。这些人工制品及其与使用者和埋葬者的关系就是下一章的主题。不可否认，它们至少证明了伊特鲁里亚时期的意大利跟东方有某种联系，问题在于这些物品是当地原住民获得的，还是随着外来移居者传入的。按照东方起源论，外来者迅速战胜了骨灰瓮的制作者以及塔尔奎尼亚和其他伊特鲁里亚聚居地的原住民。而这些聚居地的扩大也被当作人口变迁的依据——聚居地的位置或许没有改变，但是城市区域在公元前8世纪和公元前7世纪的增加与发展可以归功于更有经验的外来者，因为他们在故乡已经熟悉了城市生活的概念。最后一项能用来支撑希罗多德假说的考古学证据是尸体处理方式的巨大变化。在那些外来物品传入的同时，当伊特鲁里亚的新兴城镇扩大之际，火葬开始消失了，无论是别致的棚屋骨灰瓮还是普通的双锥骨灰瓮（这种骨灰瓮得名于它的形状——由两个圆锥体组成，像沙漏一样），都难以避免被淘汰的命运。尸体不再被焚烧，而是完好地下葬，并伴随越来越精美的陪葬品。棚屋骨灰瓮已经过时了，有钱人更愿意选择能够埋葬整具尸体的华丽坟墓。

初看之下，这三个涉及物质、聚居地规模和尸体处理方式的重要变化为古代作家的猜想提供了一些证据，尽管他们的结论都带有偏见。然而，即使在这些看似严密的移民证据里，也有体现延续性的迹象。首先，在物质方面，伊特鲁里亚人的金属制品和陶器虽然带有东方的装饰图案，但同时也与骨灰瓮墓葬中发现的本地制品非常相似。搭扣（用于固定衣物的金属胸针）就是一种展示出延续性的物品，而陶器的制作材料也明显继承并发展了棚屋骨灰瓮所使用的黏土。其次，如上文所述，聚居地的位置一直没有改变，大概是因为生活在聚居地内的群体没有改变。以格兰卡罗或塔尔奎尼亚为例，一个新群体入驻并接管了各项事务，却没有建立他们自己的新城镇，这种可能性似乎很小。忠于旧址就是忠于祖先，原地不动的发展无法作为大规模人口流动的证据。最后，尽管土葬逐渐得到普及，但是传统习俗的某些方面依然存在，最显著的表现就是坟墓保留了类似房屋的特征，比如刻在石顶上的房梁，就像我们介绍的骨灰瓮一样，而且后来的坟墓还有丰富的壁画[17]。在部分地区（尤其是内陆，即丘西城附近），人们还继续举行火葬仪式，这进一步瓦解了新的精英阶层带着新的丧葬观念席卷当地的看法。

因此，公元前9—前7世纪的考古学记录比较令人费解，尤其是当它和古典文献放在一起的时候。伊特鲁里亚人在这个阶段的起源问题充分体现了探索遥远过去的一个核心难点：你可以把"事实"列入争论的任何一方，也可以利用证据建立两种截然不同的答案。如果你依赖文字记载，那么考古学可以发挥辅助作用。如果你尊重物质文化，那么你可以指责文献的错误。在伊特鲁里亚研究史上，这两种立场轮番交替，此消彼长。然而，历史学家和考古学家的立场选择又取决于他们所处时代的文化意识。伊特鲁里亚文化的再发现是一个极为缓慢的过程，但在19世纪初，大量的考古挖掘明显加快了它的速度。此时，人们似乎都认为希罗多德是正确的，而他的观点应该被全盘接受。19世纪末，乔治·丹尼斯（1814—1898）在英国普及伊特鲁里亚考古学，他总结了意大利之外的学者们的普遍观点："毋庸置疑，伊特鲁里亚人的政治制度、宗教组织、社交礼仪、家庭规则以及许多艺术作品都具有东方特征。"丹尼斯写作的目的是向热心的读者宣传伊特鲁里亚人，因此他的某些说法显得极为乐观，例如，他曾经把伊特鲁里亚坟墓中的陪葬品形容为"第二座庞贝古城"[18]。丹尼斯在文章中表现出来的强硬态度使他对起源争论的探讨显得非常有趣，他条理清晰地列举了所有支持东方起源论的证据，并讽刺了伊特鲁里亚文化的意大利起源论，将其视为民族主义者的鼓吹，而四十年前去世的意大利（实际上正是托斯卡纳）著名古典考古学家朱塞佩·米卡利（1768—1864）则成了丹尼斯精心挑选的挖苦对象。

米卡利肯定参与了19世纪初蓬勃发展的意大利民族主义运动，而对于这个政治团体的信念来说，伊特鲁里亚人的身份非常重要，因为他们是早期的意大利人。历史学家卡洛·德尼纳（1731—1813）是米卡利的朋友，他把伊特鲁里亚人放在意大利历史的中心，认为他们是一个不可战胜的独立民族，由于热爱自由而团结在一起，建立了城邦联盟[19]。米卡利并非没有意识到自己对意大利未来的信念影响了对过去的研究，但是面对批评，他依然坚称伊特鲁里亚文化就是真正的意大利文化。在意大利统一之前，这些观点是煽动性的言论，甚至非常危险。在1871年复兴运动[1]结束之后，"伊特鲁里亚人是意大利人"的观点变得更加重要。20世纪初，民族主义情绪不断膨胀，人们竭尽全力寻找伊特鲁里亚人是意大利原住民的证据。伊特鲁里亚美德与意大利理想之间的美好联系遭到了玷污，开始逐渐变质。因为在1922年墨索里尼率领黑衫党成员挺进罗马之后，关于伊特鲁里亚人起源的争论成了法西斯主义意识形态的核心部分。

墨索里尼最出名的特点就是他对古罗马理想（而非伊特鲁里亚理想）的认同。他迷恋所谓的"古罗马精神"，渴望建立第二个罗马帝国，这给意大利带来了灾难性的后果，并对现代世界造成了深远的影响。埃塞俄比亚战争的耻辱破坏了墨索里尼的神秘感，尽管他拥有强大的政治宣传能力。如今，那些在利比亚忍受动乱的人和逃离厄立特里亚政权的人只是这场殖民灾难的最新受害者和动荡局面的继承者。虽然法西斯主义者更喜欢效仿古罗马的野蛮侵略，但是他们也利用了伊特鲁里亚的过去来实现自己的阴谋。1922年，中世纪小镇科尔奈托被改名为塔尔奎尼亚，企图借此恢复往日的声

---

[1] 复兴运动（Risorgimento）：即意大利统一运动，指在19世纪将意大利半岛内的不同政权统一为意大利王国的政治及社会运动。1871年，罗马正式被指定为意大利王国的首都，标志着复兴运动的完成。

图 8　公元前 6 世纪的卡诺匹斯骨灰瓮，出土于丘西，在那座城市里，古老的丧葬习俗并未消失

望。尽管改名仪式是一场精心策划的法西斯主义表演，但是这种对意大利起源的痴迷却在大学里留下了印记。古典学者朱利奥·奎里诺·吉廖利（1886—1956）强烈否认来自希腊和地中海东部的任何联系或影响[20]，他认为伊特鲁里亚人是意大利文化优越性的早期代表，而且一直都是。在这一点上，吉廖利的观点与法西斯主义者完全相同。

当全世界都忙着备战时，吉廖利的学生马西莫·帕罗提诺正在研究伊特鲁里亚早期的物质资料，包括塔尔奎尼亚的人工制品。到了1939年，帕罗提诺已经准备好发表他的分析结果了。法西斯主义激发了证明伊特鲁里亚人起源于意大利的欲望，而这种欲望却促成了一项非凡的科学分析。帕罗提诺严谨地提出了伊特鲁里亚人起源于意大利的考古学证据，他汇总了二者之间的各种联系，包括聚居地、语言和人工制品。他考察了陶器和青铜器的发展轨迹，仔细辨别搭扣、剃刀、杯子和罐子的设计变化。更加创新和危险的是，帕罗提诺批评了在一开始引导其研究的主流观点，他认为这种以物品为代表并基于种族定义的固定文化概念是完全不合理的。尽管帕罗提诺同意，从根本上来讲，伊特鲁里亚人的诞生是一个本土现象，但是对于在证据面前盲目坚持理论的做法，他感到非常不满。在战争即将爆发之际，他冒着牺牲事业的危险说："大多数学者并不会专心研究一个重要问题，他们只会提出未经探讨就被接受的结论。"[21] 在墨索里尼倒台之后，帕罗提诺将成为 20 世纪最伟大的伊特鲁里亚学者。然而，关于伊特鲁里亚人起源的争论却停滞不前，尽管他已经做了许多努力，让这项争论超越了教条的政治信仰。在意大利境内，意大利起源论得到了认可。而在其他地方，学者们则继续考虑着其他观点。这个问题陷入了僵局，考古学家紧张地避免政治倾向，生怕那些挑起第二次世界大战的意识形态会征用过去作为武器。

不过，在 20 世纪末和 21 世纪初，伊特鲁里亚人的起源问题又重新焕发出生机。这一次，复苏的动力并非民族主义情绪，而是遗传学的崛起，以及借助脱氧核糖核酸（DNA）一劳永逸解决问题的诱人想法。利用遗传学来讨论伊特鲁里亚人起源的首次尝试出现在 1996 年，一群科学家考察了 49 个现代托斯卡纳人的基因，结果他们的 DNA 跟预料中差不多，介于近东基因的高变异和西欧隔离群体[1]（巴斯克人和不列颠人）的低变异之间[22]。至此，一切都平淡无奇。2004 年，另一项研究考察了伊特鲁里亚坟墓中的 DNA，其样本最初由 80 人组成，后来为避免现代污染的风险而减少到 30 人[23]。结论依然没有意外，伊特鲁里亚人遗骸的基因变异程度完全符合共祖群体的标准。结果还表明，现代托斯卡纳人与那 30 个经过基因

---

[1] 隔离群体（isolated population）：受空间、时间等障碍不能进行基因交流或基因交流显著降低的群体。

测序的伊特鲁里亚人基本没有关系；考虑到从古至今的人口流动，这一点同样不足为奇。DNA 几乎没有使争论获得任何进展，但是在 2007 年，情况发生了变化。有两组学者发表观点，强烈支持东方起源论。其中一组对人类进行了基因测序，而另一组则对牛进行了基因测序。让我们从牛开始。

在佛罗伦萨旅行的一大乐趣就是吃掉跟盘子一样大的牛排，那是源于基亚纳山谷的一道特色菜，香嫩、美味而又昂贵。佛罗伦萨牛排所选用的牛肉来自一种漂亮的牛，通体雪白，鼻子乌黑，名为基亚纳牛[1]。它被视为欧洲最古老的牛种之一，拥有纯粹的基因库，可以追溯到数百年乃至数千年前。这项深入的遗传分析以基亚纳牛和另外 10 个古老的意大利牛种为研究对象，试图解决有关伊特鲁里亚人起源的争论[24]。科学家们对 164 头牛做了基因测序，并将结果跟欧洲和近东的其他牛种的基因构成进行比较。这些牛种按照相关性分成若干组，分别对应着特定的起源地。该团队提出基亚纳牛和其他托斯卡纳牛种的起源地是安纳托利亚，因为这些动物的线粒体 DNA（源自母系遗传）跟当地牛种有 60% 的相关性。DNA 中的一个明显变化可以追溯到新石器时代晚期与拜占庭时代早期之间——这个漫长的阶段包含了伊特鲁里亚人有可能迁移的日期。也

---

[1] 基亚纳牛（Chianina）：又译为"契安尼娜牛"。

许伊特鲁里亚人不愿意放弃精心培育出来的顶级牛肉和美丽牛皮,于是从吕底亚带走了他们最爱的白牛。科学家们认为这次人口和动物的迁移发生在青铜时代晚期,远远早于希罗多德描述的吕底亚人西行的壮举。

人类样本提供的数据也被用来支持伊特鲁里亚人起源于东方的观点[25]。这项研究提取了超过三百个现代托斯卡纳人的线粒体DNA,他们分别来自三座与伊特鲁里亚有关的小镇:穆尔洛、沃尔泰拉和卡森提诺谷。结果似乎是决定性的——穆尔洛的样本跟其他的意大利样本尤为不同,就连沃尔泰拉和卡森提诺谷的DNA也有某些方面(单体型[1])异于其他的意大利人和西欧人,而与近东群体颇为相似。媒体欣喜若狂地抓住这些结论,讲述了一个现代科学攻克考古难题的迷人故事。然而,这些研究结果并非如此确定,它们只能说明在新石器时代与现代之间的某个阶段,拥有近东血统的女性曾在那三个地方生活过。这是一段漫长的时间,而意大利半岛的历史又充斥着混合与迁移——从新石器时代到古罗马时代,再到中世纪,人口一直在四处流动。更重要的是,根据希罗多德的观点,安纳托利亚就是伊特鲁里亚人的起源地,但是穆尔洛样本显示了11个与近东有关的特征,其中只有一个专门指向安纳托利亚。

---

[1] 单体型(haplotype):个体组织中完全遗传自父母双方中一个亲本的一组等位基因。

这两项遗传研究都存在实际的问题[26]。从考古学证据来看，牛种研究的结论令人难以接受，因为即使在青铜时代晚期，托斯卡纳也没有出现明确的移民迹象。尽管对于地中海的其他地方而言，这是一个动荡的时期（甚至还有人把伊特鲁里亚人起源的时间跟历史名城特洛伊在公元前 1200 年前后的陷落联系起来），但是在地中海东部发生战争和饥荒的情况下，人们有可能不辞辛苦地带着牛群在海上航行数千英里吗？鉴于考古学记录和众多体型庞大的倔牛集体迁移的难度，一个更加可信的观点是基亚纳牛的 DNA 反映了一项精心培育的计划，其源头非常古老，可以追溯到近东地区（而非土耳其）对牛类的原始驯化。这些白牛看起来更像是一个早期牛种的后代，在新石器时代晚期受到人类的控制，并通过陆路被运往意大利。牛种研究的原作者已经想到了这一点，他们反驳说驯化的动物在意大利似乎是从南向北扩散的，而且意大利南部的牛种拥有非常不同的基因特征。然而，一项规模更大的调查发现，在牛类最初驯化后的一千年中，曾多次有大批的家养牛进入意大利。

第一组人类 DNA 的研究结果可能显得更有说服力。至少穆尔洛的居民肯定被说服了，当他们在乡村小馆享受晨间咖啡时，他们会骄傲地宣布自己继承了伊特鲁里亚人的血统。然而，穆尔洛及其可爱的咖啡馆并未建在伊特鲁里亚聚居地的遗址上，附近的伊特鲁里亚聚居地早在公元前 5 世纪就遭到废弃了。尽管目前有迹象显示穆尔洛在古希腊和古罗马时期曾被人占用，但是聚居地的延续性无法得到证明。这座小镇的发展原本是为了满足锡耶纳历任主教的需求，他们要找一个夏季避暑的地方，而此地位于清凉宜人的山间，远离炎热的主教宅邸。现代穆尔洛居民的祖先很可能是当初陪同主教出行的仆役、神职人员和逢迎者，而非一群与世隔绝的伊特鲁里亚幸存者。基因延续性的问题对沃尔泰拉和卡森提诺谷的研究结果影响更大，因为这两个地方在历史上都有过复杂的人口流动和变迁。

有一项大规模的研究重新考察了基因数据[27]，并指出了上述问题。为了消除这些问题，一支由遗传学家组成的团队分析了三个不同群体的 DNA，即现代托斯卡纳人（包括七年前从穆尔洛、沃尔泰拉和卡森提诺谷的居民身上提取的基因）、中世纪托斯卡纳人和伊特鲁里亚人。他们以来自佛罗伦萨的样本为参照，并将结果与欧洲和近东独有的两种"标准"基因特征进行比较。这项研究的独特之处就是把古代群体的 DNA 也纳入其中，使科学家能够确定伊特鲁里亚人、中世纪托斯卡纳人以及现代托斯卡纳人之间是否存在联系。他们的研究结果表明，佛罗伦萨人和穆尔洛的居民与样本中的伊特鲁里亚人无关。不过，沃尔泰拉的居民与伊特鲁里亚人有关，而卡森提诺谷的居民甚至表现出了更加密切的联系。令人兴奋的是，该团队能够把伊特鲁里亚人的样本与近东地区的样本建立联系，并追溯这种联系产生的时间。他们发现，伊特鲁里亚人和近东人最后的共同祖先生活在大约 7600 年以前，伊特鲁里亚人的祖先早在新石器时代就来到了意大利。这项关联性研究所提供的证据符合牛种研究的数据，也符合新石器时代、青铜时代和伊特鲁里亚时期的考古学记录，但是完全不符合古典文献和东方起源论。最终，经过数千年的争论，看来似乎是希罗多德错了，而意大利民族主义者对了。

起源和移民依然是热门话题。新闻里依然充满了悲惨的画面，绝望的人们耗费大量金钱来逃离暴力、饥荒和经济灾难，结果却只能冒着生命危险，搭乘漏油的船舶，在风暴肆虐的地中海上漂泊。这是一场移民危机，而意大利正在努力帮助外来者融入社会，并寻找一种既能挽救生命又能阻止偷渡的策略。伊特鲁里亚人逃离东方的古老故事跟现代的情况颇为相似，但是第勒努斯及其追随者在今天却不会得到同样的待遇。埋在塔尔奎尼亚骨灰瓮里的那个人被一次又一次地改变身份，每一代人都根据自己的喜好来重写伊特鲁里亚人起源的故事。在一个充斥着动荡、变化和人口流动的时代，就连看似确定的遗传研究结果都反映了一种分裂主义的观点，轻视了伊特鲁里亚人与近东人的共祖关系。伊特鲁里亚人的起源问题暂时解决了，那么引导丹尼斯走上错误道路的图案和物品究竟来自哪里呢？

第三章

鸵鸟蛋与东方梦

从塔尔奎尼亚一路向北，景观发生了微妙的变化。你正在逐渐靠近平坦的马雷马湿地，海滨度假村消失了，取而代之的是灌木丛。告别了高耸的临海峭壁，眼前的平原显得单调乏味。然而，一些最惊人的伊特鲁里亚考古发现就出自这里。与塔尔奎尼亚不同，伊特鲁里亚城市武尔奇并未作为一个聚居地幸存下来，而是早已废弃，其距离最近的现代聚居地是蒙塔尔托迪卡斯特罗小镇。刚刚来到武尔奇考古遗址公园时，你会觉得没什么可看的东西。实际上，首先吸引视线的正是一群前一章讨论过的白牛。这里不像是伊特鲁里亚最丰富的宝藏源泉或大量出土珍贵文物的地方。那些美丽的人工制品已经在世界各地的博物馆里安家落户，而发现它们的这片平原却只剩下尘封的遗迹——一道悲凉的古罗马拱门、半座被摧毁的神庙以及许多断壁残垣。

靠近其中一个土丘，你会突然意识到人们为它的建造付出了多少努力。幽深的甬道通往地下，你小心翼翼地迈步，终于跨过玻璃门，走进阴冷的墓穴。现在你明白了，这是一个死者享受特权的地方，他们被安葬在象征身份的物品之中，上面的坟冢由数百双手筑成，为此投入的时间显示了已故祖先和在世家族的势力。你可能会认为，单是这个坟墓就非常壮观，足以给人留下深刻的印象。然而，坟墓里还放着各种各样的物品，体现了死者的财富和权力，他们的社会拥有一个跨越数千英里的贸易网络，可以获取来自异域的奇珍异宝，满足任何一夜暴富之人的梦想。本章主要讨论的物品来自武尔奇波列德瑞拉墓地的一座坟墓，它只是环绕着武尔奇的数百座坟墓之一。这个城市周围有四片独立的墓地，面积最大的奥斯特利亚墓地位于聚居地的北边，而波列德瑞拉、庞特罗托和卡瓦卢珀墓地都在东边，那里布满了土丘和坑洞，如今依然能发现埋藏的珍宝[1]。

这座坟墓出土的物品并未进入孤独的武尔奇博物馆，而是摆在大英博物馆的伊特鲁里亚展厅[2]，得到管理员的精心呵护，沐浴着经过调节的灯光。成群结队的小学生从旁边跑过，冲向最受欢迎的文物、镀金的木乃伊和闪亮的撒克逊宝藏——如果你想在喧闹中找一处安静的地方参观，那么伊特鲁里亚展厅无疑是一个很好的选择。它位于这栋巨大建筑的一角，陈列着六十件来自那座坟墓的物品，还有意大利各地出土的其他珍宝。每件展品都配有文字说明，灯光照射在青铜、彩釉（一种早期的玻璃）、象牙和黏土的表面。本章要讲述的就是这些物品的故事——它们是怎样从制造者的手里跑进伊特鲁里亚的坟墓中，又是如何通过古董商来到大英博物馆深处的避风港。

这些特殊的物品有什么？以下便是那座坟墓中发现的部分人工制品：

· 一尊青铜雕像，刻画了一个手托镀金小鸟的女人。

· 一件黄金带状头饰，上面密密麻麻地刻满了奇特的野兽和棕榈树。

· 四枚鸵鸟蛋，雕刻着战车和马匹的复杂图案。

· 一套青铜杯和青铜碗，有的朴素，有的精致。

· 三个雪花石膏和普通石膏制成的香水瓶，外观都是女人的模样。

· 一批赤陶线轴，也许上面曾缠绕过昂贵的纱线。

· 一盏青铜灯和灯座。

· 一组蜣螂形状的护身符。

· 五只彩釉细颈瓶。

· 一尊彩色石膏雕像，刻画了一个伸出双手的女人。

这些物品中的每一件都堪称重大发现，无论是线轴还是鸵鸟蛋，任何一个发现都会成为一位考古学家职业生涯的亮点。而令人惊叹的是，作为整体来看，它们又是一套经过精挑细选的收藏品 [3]。把它们放在一起的那个人不仅可以拿到伊特鲁里亚做工最好的青铜雕塑和器皿，还能获得古代地中海沿岸最奢华的物品。蜣螂护身符，即圣甲虫宝石，便是一个很好的例子。蜣螂总是推着粪球穿越沙漠，这些勤劳的小生灵显然跟一个地方有关，那就是埃及。鸵鸟蛋可能也来自埃及，是北非鸵鸟的后代，如今这个物种已经濒临灭绝。不过，鸵鸟蛋上雕刻的图案却显示出近东地区常见的风格，而且圣甲虫宝石也能在黎凡特地区找到源头。雪花石膏雕刻的香水瓶产自土耳其西部，其制造者大概属于一个自认为是希腊人的群体。

图 9　长翅膀的石狮雕像（材料为火山岩），守卫着武尔奇附近的一座坟墓，其年代大约是公元前 550 年。它的设计是否受到了近东地区的启发呢？

如果只发现其中一件物品，你可能会认为那是死者漂洋过海带来的东西，而死者本人则是一个移民。考虑到古典文献，你或许还会觉得土耳其香水瓶为希罗多德的故事提供了一些具体的证据。问题是埋在这座坟墓里的死者并非只有一件精美的物品陪葬，而是拥有全部，因此我们难以通过物品判断死者究竟来自哪里。武尔奇距离埃及海岸大约 1250 英里[1]，距离土耳其西部大约 1000 英里，距离叙利亚和黎巴嫩的海岸大约 1400 英里。除非埋在这座坟墓里的死者是一群人，他们分别来自上述的不同地方，而且每个人都用故乡最好的工艺品陪葬，否则我们看到的就是一个跨越数千英里的贸易网络所带来的成果，以及专供伊特鲁里亚人购买的一些出色商品。

那是公元前 7 世纪末，一场持续百年的社会变迁达到了高潮4。丧葬习俗告别了骨灰瓮和火焰，转向了巨大的土丘。随着越来越多的人在贸易、信仰和聚会的中心地点周围定居，村庄逐渐发展为城镇5。这个变化过程仅仅在公元前 7 世纪上半叶中断了一下，当时似乎出现了衰退的迹象，新兴的早期聚居地开始萎缩。若想解释这种情况，我们难免要从自然环境中寻找原因。可能是农作物连续歉收或气候不稳定导致托斯卡纳的肥沃土壤无法满足人们的需求——

---

[1]　1 英里约合 1.61 千米。

尽管在关于那个时期的研究中，几乎没有证据能表明这一点；或者是伊特鲁里亚的金属产量暂时减少，影响了获取财富的机制，直到发现新的矿藏才恢复正常。无论如何，在公元前 7 世纪下半叶，意大利中部的居民之所以能高歌猛进，重新变得显赫而富有，肯定是得益于这两种丰富的资源，即肥沃土壤和金属矿石。而正是在此时，

图 10　装饰着斯芬克斯的鸵鸟蛋，出土于武尔奇的伊希斯坟墓

图 11　塔尔奎尼亚从埃及的瑙克拉提斯进口的一个香水瓶，年代为公元前 6 世纪

那座坟墓里的人工制品被收集到了一起。

　　为什么这些图案和材料如此流行，又如此珍贵？异域特色一直是它们具有吸引力的传统原因，遥远的产地提高了物品的价值。然而，这种观点隐含着令人不安的意义。异域的概念已经遭到了玷污，永远跟动物园和围观乃至殖民主义和剥削联系在一起。18 世纪和 19 世纪的贸易模式让我们想起大英帝国从遥远的地方向欧美城市运送人口、物品和动物，其异域特色受到了欧美人的关注和重视。而另一方面，商人则轻视那些不断被自己欺骗的土著群体，利用远方材料的神秘性来操纵他们[6]。在现代的全球化世界里，距离的价值已经从物品上消失了。"中国制造""中国台湾制造"——物品的遥

远产地不再拥有情感上的吸引力，集装箱货船和工厂车间消除了日常生活中的异域特色。

然而，真的是这样吗？实际上，异域特色依旧存在，只是换了一种形式。分析现代物品为何特殊，有助于我们了解异域特色的真正含义，从而明白武尔奇的伊特鲁里亚居民究竟想要什么。一件物品之所以特殊，不是因为距离，而是因为关系。在现代，冷冰冰的长途贸易使物品丧失了令人激动的力量，而我们见过的人和讲述的故事却能让物品获得价值。即使是一个普通的东西，比如一块面包，经过人际关系的升华，也会变得与众不同。从这块面包被端上餐桌开始，便产生了两种向外延伸的关系：客人们会赞赏东道主认识优秀的烘焙师，而面包店老板则收获了新的品尝者。东道主可以炫耀自己与面包店的关系，或者什么都不说——面包本身就能说明一切。

我们可以调侃这种推崇个性化商品的时髦观念，也可以罗列那座坟墓中每一件物品跨越的英里数。然而，并不是距离定义了这些人工制品的异域特色和高昂价值，跨越距离的联系才是值得关注的重点。每件物品都代表着一系列由买家推动的旅行，环环相扣，构成了一根跨越海洋的链条。它们究竟是来自近东移民和希腊移民在西西里岛和撒丁岛建立的贸易聚居地，还是直接从埃及、土耳其和黎凡特地区买来的东西？类似的问题虽然有趣，却不是非常重要。

这些物品标志着其拥有者处在一条宝贵的关系链上[7]。他们属于一个跨地中海地区的精英阶层，人脉很广，能够利用自己与外界的联系在家乡赢得尊重。考古学证据表明，这种价值观遍布他们所接触的全部贸易路线。在土耳其沿岸的沉船上，我们发现了撒丁岛的珠宝和伊特鲁里亚的青铜器[8]。武尔奇坟墓中的物品是一个社交网络的物质遗存，那里的人们喜欢并分享着同样的事物和理想。这些理想体现在物品中——浓郁的精油和华丽的纱线可以让身体显得更美，而昂贵的青铜酒具可以把吃喝变成一种特殊的体验。从一个海岸到另一个海岸，人们的贸易交换建立在共同的娱乐价值观之上。炫耀你认识哪些人、你的财富和地位能够从他们手中买到什么以及你所获得的乐趣，难道不是一种享受吗？

然而，前面的清单只列出了坟墓中埋葬的一小部分人工制品，不知还有多少文物被发现者砸碎了。这座坟墓发掘于19世纪初，一群寻宝者偶然找到了此处的秘密宝藏，他们粗暴地掠夺财物，造成了严重的破坏。进口物品对他们的吸引力远远大于本地制造的物品，正如上述的惊人联系给现代游客留下了深刻的印象，那群发现者也选择了跟东方有关的珍宝。人们用这些物品受到的影响来命名伊特鲁里亚的这个历史阶段，称之为"东方化"时期。东方是一片神秘的土地，那里的居民陌生而危险，数个世纪以来，东方的魅力深深地吸引着欧洲人。哲学家爱德华·萨义德曾描述并批评过这种深陷于殖民动荡与种族偏见的观点[9]。从《一千零一夜》到鲁德亚德·吉卜林[1]的小说，许多神话和故事一起塑造了这个传奇。正如本书的引言所说，在失落文明的神话背后隐藏着同样的叙述。而来自武尔奇的文物难免被卷入其中，成为东方与西方、欧洲与亚洲主观对立的一部分。考虑到那次寻宝之旅的资助者，也许这是不可避免的结果。

　　吕西安·波拿巴（1775—1840）是一位非常幸运的年轻人[10]。他出生在科西嘉岛，家境比较贫寒，在八个孩子中排行第三，哥哥拿破仑的迅速崛起改变了他的命运。与波拿巴家的某些兄弟姐妹不同，吕西安对哥哥的权势深感不安。作为革命事业的忠实信徒，吕西安当上了"五百人院"（法国革命议会下议院）的主席，结果却在 1799 年被哥哥发动的政变赶下了台。拿破仑冲进议会大厅，强行解散了"五百人院"。吕西安扬言，如果拿破仑背叛了"自由、平等、博爱"的革命原则，他就会杀了自己的哥哥。其实这只是一场虚张声势的表演，目的在于安抚旁观者，让他们相信波拿巴家族对共和国的忠诚。然而，到了 1800 年，兄弟俩的统一战线却出现了真正的裂缝，有一些反动的宣传册被认定为出自吕西安之手。尽管手足之间的不信任感日益加深，拿破仑还是派遣吕西安前往西班

[1]　鲁德亚德·吉卜林（Rudyard Kipling，1865—1936）：英国作家、诗人，1907年获诺贝尔文学奖。

牙，他在那里为哥哥赢得了波旁皇室的支持。不过，在他回去以后，两人的关系仍持续恶化。

压倒吕西安的最后一根稻草是政治联姻，拿破仑想逼迫他跟守寡的伊特鲁里亚[1]女王结婚。1804 年，他逃往罗马，来到盛产葡萄酒的小镇弗拉斯卡蒂，搬进了一栋豪华的别墅。正是这次迁居激起了吕西安的考古兴趣。弗拉斯卡蒂附近便是古城图斯库鲁姆的遗迹，吕西安开始在自己的土地上挖掘，结果发现了一尊罗马帝国时期的杰出雕像，刻画的是提比略[2]皇帝。十年后，已经逃往英国的吕西安返回意大利，重拾往日的爱好。1814 年，他被教皇封为卡尼诺亲王，而拿破仑则被流放至厄尔巴岛。这个头衔使他在维泰博省拥有了自己的土地，其中就包括一座名为蒙塔尔托迪卡斯特罗的村庄。1839 年，在人生的最后阶段，他资助了一支寻宝队去探索

图 12　这枚搭扣的表面有伊特鲁里亚人最喜欢的颗粒装饰，年代为公元前 7 世纪

----

[1]　伊特鲁里亚（Etruria）：这里指 1801—1807 年在意大利托斯卡纳地区建立的伊特鲁里亚王国。

[2]　提比略（Tiberius）：罗马帝国的第二任皇帝，公元 14—37 年在位。

波列德瑞拉墓地。尽管吕西安此前曾打开过一些伊特鲁里亚坟墓，但是这次发掘则取得了惊人的成功[11]。一尊美丽的女性石膏雕像被当场误认为埃及女神伊希斯，而那座坟墓也被赋予了一个持久的名字——伊希斯坟墓。

图 13　小双耳杯，年代为公元前 6 世纪

　　这尊雕像的身份鉴定与"东方化"时期作为一种概念的发展情况有关，而且那座坟墓与波拿巴家族的直接联系也非常重要。因为东方的标签以及囊括了伊特鲁里亚文化的东方幻想，在很大程度上源于吕西安的哥哥对埃及和黎凡特地区发动的著名战争。1798 年，拿破仑已经开始怂恿法国当权者攻占埃及，企图趁此机会破坏英国对印度的干涉。当权者热情地接受了他的想法，他们认为这项计划可以让一个潜在的危险政敌离开法国。如果成功了，在打击英国的同时，还能使法兰西共和国的脆弱经济得到发展。1798 年 5 月，法

国军队和意大利军队分别从地中海沿岸的不同港口乘船出发。7月
1日，超过4万人在亚历山大港登陆，拿破仑乘坐的旗舰"东方号"
紧随其后。军队冒着酷暑向南推进，在吉萨金字塔群[1]附近的鏖战
中夺取了开罗。

　　获胜的拿破仑开始刻意模仿这座城市的精英阶层，决心把自己
塑造成一个解放者和伊斯兰教的朋友，但是埃及人民并未信服。10
月，开罗掀起了反抗的浪潮，激烈的巷战以拿破仑下令烧毁大清真
寺[2]而告终，这一恐怖行为吓坏了全城百姓。经过残酷的镇压，拿
破仑觉得局势已经稳定，可以继续向东北推进。于是，他率兵穿越
西奈半岛，入侵巴勒斯坦，直到攻占的领土远至加沙地带，才被英
国海军和奥斯曼军队击退。在东征的一年时间里，他手下有600人
死于疾病，1200人死于战斗，1800人负伤。1799年8月，拿破仑
离开埃及，返回法国争夺权力，留下士兵们在困境中挣扎。短短几
年之后，英国便控制了埃及，遭到冷落的马穆鲁克[3]统治者为其提
供了帮助，他们早就看穿了拿破仑盗用埃及文化的阴谋[12]。

---

[1]　吉萨金字塔群（pyramids at Giza）：位于吉萨高原的一片陵墓群，距离开罗市
中心约13千米。
[2]　大清真寺（Grand Mosque）：指爱资哈尔大清真寺，位于埃及首都开罗。
[3]　马穆鲁克（Mameluke）：本意即"奴隶"，此谓原本服务于阿拉伯哈里发的奴
隶兵，后来逐渐发展成强大的军事统治集团，并建立了自己的王朝，曾统治埃及近
三百年。

拿破仑的军队曾带来一批学者，他们不仅要征服埃及的现在，还要征服埃及的过去。这群学者充分展现了东方主义作为一种科学概念的重要性。他们阐明了埃及生活和黎凡特生活的所谓基本特征，包括文化停滞、对于外在权威的被动接受、精英阶层的奢靡腐败等，以此来衬托法国价值观的优越性。上述社会弊病恰好反映了法国君主制末期的罪恶，这并非巧合。同时，法国人（还有英国人、德国人以及第二章中提到的意大利人）宣称自己有权继承古典世界的遗产。透过启蒙运动的镜片，人们重新想象了古典时期的理性主义、共和主义和民主主义，政治家和思想家欣然接受了这些观点，高兴地认为自己继承了古希腊罗马的灿烂成果[13]。于是，整个局面就变成了东方的懒惰对抗西方的自主。这一种族主义的伪科学原本只是为了支持法国在近东地区和亚洲夺取土地和政权，结果却影响了远征途中的考古工作，甚至操纵了法国民众对于奥斯曼领土的看法。古埃及的辉煌代表着王朝统治，它拥有非常惊人的不平等性和同样惊人的手工艺品。将埃及文物带回法国，可以让人们通过那些杰作来认识古代的独裁统治者。

这就是拿破仑的考古强盗团洗劫埃及古代遗址的目的。然而，事情并没有完全按照最初的计划进行。拿破仑放弃远征并返回法国夺权，而他的科学家们则留在埃及，守着数量众多的战利品苦苦挣扎。1801 年，大部分物品被英国海军缴获，装在船上运回英国。这

些物品为大英博物馆的埃及藏品奠定了基础，其中就包括标志性的
罗塞塔石碑[1]。在那里，它们被用来向伦敦展示原本要引入巴黎的
文化分离感。吕西安发现的珍宝与拿破仑失去的文物有着相似的经
历。1844 年，在吕西安·波拿巴去世四年后，从伊希斯坟墓出土
的收藏品也遭遇了同样的命运。他的遗孀急需现金，于是把六十件
物品卖给了德国考古学家埃米尔·布劳恩，而后者又把那些物品卖
给了大英博物馆。因此，英国民众既可以看到埃及专制统治的成果，
也可以围观把这种危险的东方影响带到罗马门前的物品。

　　东方主义的概念在拿破仑的埃及战役中得到发展，随后又作用
于他弟弟从武尔奇挖掘出来的文物。这些文物通过那尊女性雕像与
埃及联系在一起，可能会构成一种无意识的叙述，暗示东方对古罗
马时期之前的意大利产生了有害的影响。起初，人们认为这些文物
的研究和展出证明了古典文献的真实性，符合伊特鲁里亚人的起源
神话[14]。即使在 20 世纪初，考古学打破了这种观点，东方特征还
是依附着那个迅速发展和变化的时期。人们相信，获取这些奢侈物
品的不平等性与独裁统治（国王制度的建立）有关。伊希斯坟墓和
其他类似的坟墓被描述成"王室"坟墓，也就是埋葬统治者的地方，

---

[1] 罗塞塔石碑（Rosetta Stone）：一块制作于公元前 196 年的石碑，用三种不同的
语言刻着古埃及祭司代表托勒密五世颁写的诏书，可以帮助考古学家解读失传已久
的埃及象形文字。

而统治者的形象则被塑造成埃及法老和印度王公[15]。伊特鲁里亚的东方化时期继承了拿破仑战役的宣传和英国对印度的幻想。伊希斯坟墓和其他类似的坟墓成了埋葬国王、王后、王子和公主的地方，里面放满了他们继承的财富。

问题是，在意大利根本就没有证据表明这种统治模式的出现。诚然，来自远方的新物品越发凸显了社会的不平等，但是已有的强大家族似乎更有可能利用人脉和资源建立贸易帝国，而非世袭王国[16]。最新的研究发现，这一时期从地中海东部进口的物品仅占很小的比例[17]。尽管受到东方图案影响的物品具有更加广泛的代表性，如某些物品展示了被野兽环绕的女神或狮子之类的异域动物，但是在这一时期伊特鲁里亚社会的物质文化中，它们所占的比例也很小。因此，我们不仅没有证据表明王子的存在，而且几乎没有证据表明东方移民的存在，我们现有的证据只能说明东方对意大利的影响程度被严重地夸大了。那些抵达意大利的人工制品肯定被纳入了一个基本独立的信仰和价值体系，这标志着它们的拥有者属于一个贸易网络，而未必是世袭的统治者和领导者。过去，人们认为伊特鲁里亚采用了东方的统治模式，因为他们相信接受物品就等于接受观念，如今这种想法已经站不住脚了。

关于伊希斯坟墓出土文物的整个故事，以及东方化时期的发展与衰落，实际上由许多主题交织而成：殖民主义的傲慢和未知带来的恐惧，人与物的对应和财富与王权的对应，日常事物的毁灭和特殊事物的留存。这些特征还在继续定义着我们的世界，而东方主义作为一种态度留下的后遗症可能比以往任何时候都更加明显。"阿拉伯之春"[1]的初衷是推翻被视为东方暴君的独裁者，崇尚理性和自由的媒体也为此呐喊助威。然而，这场运动却导致一支对抗西方的政治军事力量重新建立了一个自命的哈里发国[2]，即所谓的"伊斯兰国"[3]。其成员调转了种族歧视和偏见的矛头，让它指向西方，反过来把欧洲和美国当作"他者"[4]。他们对西方发动的战争也像拿破仑的战役一样涉及了文物。不过，他们并没有收集和保存文物，而是把文物视为亟待出售的昂贵商品或视频宣传的理想素材。那些曾经定义了东方考古学的遗址和文物已经变成了"偶像"[5]，"伊斯兰国"的成员利用它们来切断自己与过去的联系。有些文物跟伊希斯坟墓里发现的文物颇为相似，却已经被砸碎或偷走，放到公开市

---

[1] 阿拉伯之春（Arab Spring）：阿拉伯世界的一次革命浪潮。

[2] 哈里发国（caliphate）：由最高宗教和政治领袖哈里发领导的伊斯兰国，伊斯兰世界存在的穆斯林帝国通常被称为哈里发国。

[3] 伊斯兰国（Islamic State）：一个自称建国的活跃在伊拉克和叙利亚的极端恐怖组织，其名称缩写为 ISIS，与伊希斯坟墓的"伊希斯"（Isis）相同。

[4] 他者（Other）：西方后殖民理论的一个术语，与"自我"（Self）相对，通常西方人被称为"自我"，而殖民地的原住民被称为"他者"。

[5] 偶像（idol）："伊斯兰国"强烈反对偶像崇拜，但是在伊斯兰教创教之前，阿拉伯半岛盛行偶像崇拜，因此"伊斯兰国"破坏了许多古老的文物，认为这些东西都是"偶像"。

图 14　精美的青铜大锅，可能来自维图罗尼亚，制作于公元前 7 世纪初

场上拍卖，散落在私人收藏中。于是，近东地区制造的文物沦为了一场意识形态战争的"人质"。从伊希斯坟墓出土的易碎的鸵鸟蛋和精美的雕像挺立在玻璃柜中，强调着把殖民主义世界观强加于过去和现在的后果。

这些物品对伊特鲁里亚考古学的影响还教会了我们一点，那就是不要把人与物直接对应起来。在一个全球化程度日益加深的世界里，物品从一种文化传递到另一种文化，转瞬之间就能被改造和重塑。图像和风格的变化越来越快，而时尚的忠实追随者却照单全收。通过物品的产地来确定身份的做法越来越容易出问题，而且不只是对考古学家如此。真正重要的是我们作为使用者如何对待物品，这也是物品让我们结交朋友、展现亲情、分享爱意、激发尊重的方式。比如伊希斯坟墓里的物品，尽管其迥然不同的产地似乎令人惊叹，但是它们之所以能够幸存，是因为在拥有者的人生里留下了印记。作为一种交流的工具，它们依然在大声地炫耀着财富和人脉，就像刚被掩埋的时候一样。由一双手制作完成，随后传递给其他人，最终进入一座坟墓——这些非凡的物品恐怕不是一个东方式专制王朝所独有的稀世珍宝，而是在一生的时间里进行贸易和交换的成果，它们被一个悲伤的家族仔细地收集起来，以此纪念逝去的亲人，而他们选择这样做的方式和原因就是下一章的主题。

第四章

陶器与偏见

下一页的照片上是产自雅典的丘西陶器，类似的物品在任何博物馆都会引人驻足。这些易碎的艺术品摆在玻璃后面，几乎随处可见，但其意义却非同寻常。它们与一座城市和一种文化有着不可磨灭的关系，而那种文化却不是伊特鲁里亚文化。古希腊陶器深深地烙印在我们从小到大的记忆中。我们在童年的课堂上用歪歪扭扭的素描和笨拙的拼贴画展示它们纯洁的一面，在少年时期盯着它们色情而大胆的图案发呆，在成年以后得意扬扬地享受着它们的文化成就。这些精美易碎的黏土制品无疑是备受瞩目的焦点，数千年来一直吸引着人们的注意，问题是其中的绝大部分并非出土于希腊[1]。雅典生产了许多类似的陶器，但是现代的考古挖掘表明，在这座城市里，它们基本都变成了碎片，很少能幸存下来。那些令人惊叹、基本完好的陶器不是在希腊发现的，而是在意大利。确切地说，是在伊特鲁里亚。

来自伊特鲁里亚的陶器填满了梵蒂冈宫，随后又在罗马的古董市场上被卖给世界各地的博物馆和收藏家。然而，我们要介绍的这件陶器经历了更加漫长的旅程。它可能是从波普罗尼亚、格拉维斯卡或皮尔吉的贸易港口进入伊特鲁里亚，随后通过陆路或河道被运往内地，出现在距离第勒尼安海175千米的地方。丘西城跟塔尔奎尼亚和武尔奇截然不同，它坐落在托斯卡纳与翁布里亚交界处的一座高山上，周围分布着一系列火山湖，当你在炎热的夏季向远方眺

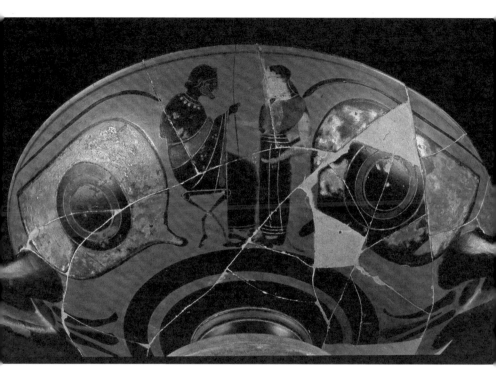

图 15　基里克斯杯，从雅典进口，埋于丘西的一座坟墓里

望时，会看到地平线上的湖水闪闪发光。城外的树林里有一些不起眼的土堆，如果能找到它们，你可以小心翼翼地沿着上面残留的路径行走，但是一定要注意脚下，因为这些土堆已经被挖空了，内部开凿了通道和墓室。有一个中世纪传说，认为伊特鲁里亚的一位丘

西国王建造了一座媲美克诺索斯[1]的迷宫，在探索这些古怪的地下洞穴时，我们确实会感觉自己走进了一座迷宫。

从这些坟墓的外表来看，你肯定想象不到如此精美易碎的东西能在其中幸存下来。然而它确实幸存了下来，还被放在丘西城的博物馆里展出，得到了悉心呵护。近年来，这座博物馆已经重新布置了展厅，展出方式更为合理，玻璃柜都按照年代顺序排列。你可以转上一大圈，从最早的铁器时代物品开始参观，最后是永远迷人的肖像骨灰瓮，来自伊特鲁里亚末期，庄严的贵族头颅挺立在顶端，略显烦闷地眺望着来世。我们关注的那件陶器可以追溯到这两个时期的中间，即伊特鲁里亚城市发展的全盛期，它是在公元前510—前520年制作完成的。与伊希斯坟墓的物品一样，这件陶器也出土于19世纪，但不同的是，它的发掘并非源自一项亲王资助的寻宝计划，而是某种革命性技术促成的结果。连接佛罗伦萨和罗马的铁路干线穿过丘西，第一批文物爱好者正是搭乘火车抵达这座城市的[2]。他们的发现填满了博物馆，还有一些人工制品则沿着铁路被带到了罗马或佛罗伦萨的古董市场，尤其是有价值的文物，比如基里克斯杯。

遗憾的是，这件陶器有一定程度的破损，还丢失了几块碎片，很可能在挖掘过程中受到了损伤，因此不像其他陶器那样令人印象

---

[1] 克诺索斯（Knossos）：希腊克里特岛上的一处米诺斯文明遗迹，传说米诺斯国王命人在那里建造了一座巨大的迷宫。

深刻。它是一只扁平的酒杯，而不是用来倒酒的双耳细颈瓶。该酒杯是同类陶器的典型代表，其图案以红色和黑色为主，夹杂着描绘高光部分的白色。那些高光部分是一双形状奇特、毫无感情的眼睛和一个女人身上的皮肤。她站在一个留着胡子的男人面前，对方坐在一件诡异的器具上，看起来居然像是折叠凳。他握着一根权杖或手杖。她向外伸出双臂，仿佛在谈判，抑或用手势强调自己的话语。酒杯的内侧有一个露齿而笑的戈耳工[1]，外侧的男女则比较严肃，那双空洞的眼睛显得非常古怪。不过，总体来看，这只酒杯及其装饰有一种强烈的美感：柔顺的线条勾勒出男人的斗篷和女人的长裙，眼睛的轮廓向下飞斜，戈耳工的毛发卷曲盘绕——如此精巧的图案显然出自技艺娴熟的工匠乃至艺术家之手，是一种"高雅"文化的产物。

这件陶器所涉及的一系列观点可谓历史悠久。根据文献记载，首次发现红黑陶器的地方是阿雷佐市，恰好位于丘西以北的铁路线上。1284 年，阿雷佐的管理者决定重建护城墙，第一项工作就是打地基，结果挖出了一座伊特鲁里亚坟墓。城里有一位修道士，被称作"阿雷佐的瑞斯特罗"，他写下了自己的感想，认为那些文物是上帝给予阿雷佐的启示，是全能之神恩赐的特殊祝福[3]。在此后的数百年间，托斯卡纳的掌权者对这类人工制品产生了浓厚的兴

---

[1] 戈耳工（gorgon）：古希腊神话中的一种怪物，长有尖牙，头生毒蛇。

趣。从 15 世纪起，臭名昭著的美第奇家族便成了佛罗伦萨的实际统治者，他们贪婪地收集各种艺术品[4]。尽管他们收集伊特鲁里亚的文物是为了满足自己对古代统治权力的渴望，但是他们也把这些发现视为艺术品，欣赏其中蕴含的美丽与奇迹。最伟大的美第奇统治者、第一任托斯卡纳大公科西莫（1519—1574）和美第奇教皇利奥十世（1475—1521）把伊特鲁里亚的人工制品与文艺复兴时期最有才华的艺术家的作品珍藏在一起[5]。在科西莫的指示下，艺术家切利尼（1500—1571）对一尊非凡的奇美拉[1]青铜雕塑进行了修复，那尊雕塑也是在阿雷佐发现的，出土于 16 世纪中期。易碎的材料性质和精致的彩绘装饰使陶器也跨越了博物馆收藏与艺术品杰作的界限。

红黑陶器在偶然开展的挖掘和一时兴起的考古中陆续涌现。当初，科西莫和利奥怀着满腔热情，把考古提升到了艺术的高度，二百年后，意大利又重新燃起了对伊特鲁里亚的强烈兴趣。1757 年，沃尔泰拉附近的地主马里奥·瓜尔纳奇创办了一座公共博物馆，向普通人介绍他在自己的土地上发现的文物[6]。不只是伊特鲁里亚的文物，还有关于其历史的早期研究也进入了公众的视野。苏格兰学者托马斯·登普斯特（1579—1625）曾为科西莫二世·德·美第奇写过一部研究伊特鲁里亚文化的巨著，这本书在 1723 年再次出版，受到了意

---

[1] 奇美拉（chimera）：又译客迈拉、凯美拉，是古希腊神话中会喷火的怪物，生有狮头、羊身、蛇尾。

大利读者的欢迎，托马斯·科克（1697—1759）为此提供了资助，他是一名英格兰人，在游学旅行[1]期间爱上了意大利。随着人工制品的展览和印刷资料的流通，伊特鲁里亚变成了最时髦的话题。

图 16　《高贵的伊特鲁里亚》的封面，这本书的再版掀起了"伊特鲁里亚热潮"

---

[1]　游学旅行（Grand Tour）：17 世纪和 18 世纪欧洲富家子弟在到达一定年龄时（约21 岁）环游欧洲的习俗，其主要意义是了解古典时期和文艺复兴时期的文化遗产，并接触欧洲大陆的贵族阶层和上流社会。

意大利人把这一迷恋伊特鲁里亚的时期称为"Etruscheria"，大致可以翻译成"伊特鲁里亚热潮"。不过，这种情况并未局限于意大利。托马斯·科克把伊特鲁里亚的人工制品带回英格兰，而他的家乡诺福克则成了人们瞻仰那些美丽文物的圣地。威廉·汉密尔顿爵士在 1764 年就任英国驻那不勒斯[1]大使，此后他也将陶器运往英格兰，并定期向伦敦文物研究学会报告新的发现。有钱人的家里开始出现"伊特鲁里亚房间"。位于豪恩斯洛[2]的奥斯特利公园有一栋新古典主义豪宅，其中保存了一个伊特鲁里亚风格的房间，墙上装饰着源于伊特鲁里亚艺术的精美图案。这栋豪宅的设计者亚当兄弟[3]还把伊特鲁里亚主题融入了伦敦的荷姆馆以及同样位于伦敦的巨大宅邸锡永宫。然而，在英格兰地区的"伊特鲁里亚热潮"中，最极端的例子或许是陶艺家乔赛亚·韦奇伍德。他受到了所谓伊特鲁里亚陶器的启发，设计了一系列陶器，甚至把他那栋建成于 1771 年的古典主义豪宅称作"伊特鲁里亚府邸"，还将自己的工厂命名为"伊特鲁里亚工厂"。工厂大门的上方刻着拉丁文"Artes Etruriae Renascuntur"，以此向所有人宣布："伊特鲁里亚人的艺术复活了！"

问题是复活的艺术并非属于伊特鲁里亚人，而是来自同时代与

---

[1] 那不勒斯（Naples）：指 1282—1816 年统治意大利半岛南部的那不勒斯王国。

[2] 豪恩斯洛（Hounslow）：位于英国伦敦西部的一个地区。

[3] 亚当兄弟（Adam brothers）：指苏格兰新古典主义建筑师约翰·亚当、罗伯特·亚当和詹姆斯·亚当。

他们隔海相望的雅典人。没过多久，这个严重的错误就被发现了。有一位年轻的德国学者名叫约翰·约阿希姆·温克尔曼（1717—1768），他将永远消除主流群体对伊特鲁里亚的兴趣。温克尔曼的经历与科克形成了鲜明对比，身为鞋匠的儿子，他负担不起奢侈的游学旅行，尽管他对古典世界满怀热情。相反，温克尔曼先后研习神学和医学，最终辍学当了老师。很快，他便开始做家教，利用雇主与贵族的关系，在海因里希·冯·布瑙伯爵的图书馆谋得了一份管理工作。1755 年，正是在这个职位上，他出版了自己的第一本书——《关于古希腊绘画与雕塑的思考》，认为达到艺术巅峰的唯一途径就是回顾古典时期的完美作品。虽然这本书的英文版直到1765 年才问世，但是法语版的发行已经使温克尔曼摇身一变，成为欧洲最重要的知识分子之一 [7]。他凭借刚刚建立的声望获得了一笔资助，终于能够去罗马旅行了。

1755年末，温克尔曼抵达罗马。他结交了这座城市的知识分子，并开始进行自己的第一项任务，前往梵蒂冈宫的观景中庭（在此之前他先改信了天主教），分析那里展出的雕塑技巧。当温克尔曼来到这片巨大的庭院时，它依然被用作露天展览馆，摆满了令人赞叹的古典雕塑，其中有一些至今还保留着"观景中庭"的名字 [1]。

---

[1] 保留着"观景中庭"的名字：如"观景中庭的阿波罗"，这是一尊古罗马时期的白色大理石雕像，现藏于梵蒂冈博物馆。

图 17 约翰·温克尔曼的理想化肖像，布面油画，由安吉莉卡·考夫曼创作于 1764 年

男性雕像的优美令温克尔曼欣喜若狂。由于1756—1763年的"七年战争"[1]，他在罗马逗留的时间比原计划要长许多。因此，他对这座城市的古典艺术也研究得更加详尽。每一件雕塑或陶器都经过细致的观察，肌肉的形状和眼睛的神态都被记录下来并整理清楚。渐渐地，温克尔曼意识到许多古典雕塑都是早期希腊雕塑的罗马复制品——其实是希腊人，而非罗马人，达到了他心目中顶级的艺术成就。与此同时，他还趁机研究了梵蒂冈的其他文物，包括出土于埃及和伊特鲁里亚的文物。他运用同样的技巧考察这些他认为水平较低的艺术品，分析其风格上的细节。他参观了庞贝古城的挖掘现场，进一步确认了古罗马绘画和雕塑在他的艺术圣殿中所处的地位。

温克尔曼把观察结果都写进了自己的代表作《古代艺术史》[8]中。该书出版于1764年，如今读来依然引人入胜，充满了简练的评论和独特的激情。正是这部著作有力地推翻了伊特鲁里亚人是红黑陶器创造者的观点。其中有一卷专门讨论伊特鲁里亚人，或者更确切地说，是讨论伊特鲁里亚人与他所热爱的古希腊人之间的关系[9]。温克尔曼在第一卷就说明了这种关系，他介绍了自己的研究，把古希腊艺术与古埃及人、古罗马人和伊特鲁里亚人的艺术进行比较。结果自然是古希腊艺术最好。他沉醉于抒情的比喻——古埃及

---

[1]　七年战争（Seven Years War）：英国—普鲁士联盟与法国—奥地利联盟之间的一场战争，因持续时间长达七年而得名。

艺术就像一棵倒下的小树，还没来得及成长就被砍断了；伊特鲁里亚艺术就像一条湍急的小溪，凶猛而狂暴[10]。相比之下，古希腊艺术就像一条美丽的大河，在绿色的山谷里蜿蜒流淌，营造出一派天堂般的景象。温克尔曼认为，古希腊艺术的特点便是用最简单的线条表现最真实的事物，没有故意夸大或缩小（这分别是伊特鲁里亚艺术和埃及艺术的致命缺点）。

图 18　这个产自伊特鲁里亚的凯瑞坦水瓮描绘了赫丘勒（赫拉克勒斯）击败九头蛇的场面，出自"老鹰画工"之手，年代约为公元前 525 年

　　温克尔曼从希腊雕塑中发现的这种特点也可以用来描述丘西陶器的彩绘风格。通过比较陶器上的图案与伊特鲁里亚坟墓里的壁画，以及伊特鲁里亚金属制品和雕塑的形象，他能够看出两种表现风格截然不同。温克尔曼认为，这些陶器显然是在希腊制造完成并运到意大利的。但是，伊特鲁里亚人明明拥有自己的艺术风格，为什么还要从另一个民族进口图案和形象呢？在温克尔曼看来，答案非常简单，那就是希腊人"教化了野蛮的伊特鲁里亚人"[11]。伊特鲁里亚人在美感的吸引下进口希腊艺术，而伊特鲁里亚的所有艺术都是希腊艺术的拙劣复制品。这些陶器给意大利带来了复杂的古希腊神话，也带来了在平面上表现人体形态的完美方式。伊特鲁里亚人对古希腊神话的解读以及伊特鲁里亚艺术家对进口物品的模仿体现了这群一心向善的野蛮人努力克服低劣的本性，可惜他们还是失败了。伊特鲁里亚人能够看出希腊人的才华，却无法复制它。

　　直到 1855 年，《古代艺术史》才被翻译成英文，不过在此之前，温克尔曼的观点早已被收入英语出版物中。威廉·汉密尔顿爵士不再满足于仅仅向文物研究学会汇报，而是准备为他的珍贵陶器出版一份目录[12]。住在那不勒斯的法国人皮埃尔·汉卡维尔（1719—1805）是当地古董市场的一个领军人物，他接受委托，负责把汉密尔顿的收藏介绍给广大的付费读者。正是在这本书中，温克尔曼第一次向英语读者提出了红黑陶器来自古希腊的观点。渐渐地，人们不得不承认他是对的。于是，"伊特鲁里亚热潮"结束了。没有人愿意关注一个二流文明，伊特鲁里亚人只是像喜鹊一样，喜欢收集另一个文明的奇珍异宝，却无法从中学到任何东西。人们开始忽略出土了大量陶器的伊特鲁里亚坟墓。从此刻起，有关这些陶器的研究将聚焦于它们与古希腊的联系，重点考察其制作者的技巧和它们与古希腊社会（而非伊特鲁里亚社会）的关系 [13]。

图 19　一只颇为滑稽的海怪，表明伊特鲁里亚的工匠有时也会失误

这一刻决定了伊特鲁里亚考古学的意义。在那个影响深远的年代，温克尔曼的判断得到了其他著名学者的呼应，把伊特鲁里亚研

究推入了古典话语的偏僻角落。伊特鲁里亚文献的缺乏使问题变得更加严重：想要了解伊特鲁里亚人，似乎应该参考更有才华的同时代人的评价。然而，那些评价并不可靠。我们已经知道，希罗多德把伊特鲁里亚人的祖先跟波斯敌人联系在一起，而其他对于古希腊人和伊特鲁里亚人关系的描述也带有明显的偏见。有一个流传很广的神话，最早写在荷马式诗篇《狄俄尼索斯[1]颂歌》中，讲述了一个年轻人被伊特鲁里亚海盗绑架的故事[14]。那个年轻人其实是乔装打扮的酒神，这暗示着其他遭到绑架和抢劫的受害者就没有那么幸运了。公海上的伊特鲁里亚人被描绘成了威胁希腊利益和航运的敌人，他们还违背了奥林匹斯众神的意愿——这是标准的野蛮行为，理应受到惩罚，因此狄俄尼索斯把绑架他的人都变成了海豚。

公元前540—前535年，伊特鲁里亚海军带来的潜在威胁激化为暴力冲突，伊特鲁里亚人和迦太基人组成的盟军在海上与希腊殖民者展开了一场对决，史称阿拉利亚战役。古希腊作家希罗多德描述了希腊军队以少胜多的功绩，但是这场战役的结果对盟军更为有利[15]。伊特鲁里亚商人保住了他们在科西嘉岛的据点，而迦太基人则继续维持对撒丁岛的控制。从希腊运往意大利的陶器恰好经过这些动荡的水域，而争夺此处贸易航线的战役则突出了它们的重要

---

[1]　狄俄尼索斯（Dionysus）：古希腊神话中的酒神，奥林匹斯十二主神之一。

性。希腊商人与伊特鲁里亚商人之间的敌意以及把伊特鲁里亚水手视为海盗的宣传，表明伊特鲁里亚人严重威胁到了希腊人在地中海的统治地位。然而，对于一名热爱古希腊艺术的学者来说，那些争斗是野蛮人的行径，是邪恶势力在破坏文明。温克尔曼指出伊特鲁里亚人没有独创的艺术和卓越的技巧，而古典文献又记载了他们与希腊人的暴力冲突，人们难免会觉得伊特鲁里亚人是一个低劣的民族。时至今日，这种看法依然具有影响力[16]。

伊特鲁里亚人用什么来交换雅典的陶器呢？这个问题加深了人们对伊特鲁里亚人的偏见。有一种值得怀疑的观点——他们是用自然资源来交换文化财富，即用伊特鲁里亚的金属矿石来交换希腊的艺术[17]。如果伊特鲁里亚人在贸易领域获得成功只是因为土地给他们带来了好运，那么这样的成功不提也罢。而古希腊人又多了一个美德：虽然他们生活在贫瘠的土地上，但是他们能够借助文化事业，让自己成为贸易大师。这是一种不平等的贸易模式，与后来的殖民地交易颇为相似。这种情况很不道德，令人深感不安，然而对于一名受到殖民主义影响的学者来说，却又非常合理。相对"发达"的群体在文明的掩饰下剥削弱者。野蛮的伊特鲁里亚人牺牲了宝贵的自然资源，换取了光辉的希腊艺术，以此来提升自己的地位。

古希腊人拥有才华，而伊特鲁里亚人拥有贱金属，二者之间存在殖民式的权力关系——这种观点现在已经显得过时了。根据文献

图 20　塔尔奎尼亚进口的雅典陶器，描绘了狄俄尼索斯、阿里阿德涅以及随行的萨提尔[1]和迈那得斯

---

[1]　萨提尔（satyrs）：一种半人半羊的怪物，与下文提到的狂女迈那得斯（maenads）都是狄俄尼索斯的随从。

记载，伊特鲁里亚商人在地中海东部建立了贸易基地，尤其是在利姆诺斯岛上兜售他们的货物[18]。在马西利亚（今法国马赛）的希腊殖民地附近，伊特鲁里亚的贸易聚居地繁荣发达[19]。在西班牙，伊特鲁里亚人也开设店铺，拓展人脉关系，把形形色色的产品带回故乡意大利，或者拿去其他地方倒卖[20]。即使在希腊境内也能找到伊特鲁里亚人制作的青铜器——尤其是在奥林匹亚的伟大博物馆里。伊特鲁里亚人与希腊城邦、法国南部的高卢人、西班牙南部的伊比利亚人以及伟大的北非城市迦太基均有贸易往来，无论他们的船只停靠在哪里，都必须准备丰富的货物进行交换。因此，这些商人很可能带着各种货物一起航行，既有原材料，也有制成品。

图 21　公元前 4 世纪的伊特鲁里亚头盔，奥林匹亚出土了许多类似的头盔

图 22　尼克斯典内斯亲笔签名的双耳细颈瓶，年代约为公元前520 年，描绘了一对拳击手和一位蹲伏的年轻人

　　如果我们接受了这种关于古希腊人与伊特鲁里亚人贸易关系的新解释，并重新审视那些陶器，我们会发现雅典的陶工和画工就像独具匠心的设计师，而伊特鲁里亚的购买者则是眼光敏锐的顾客。在雅典陶器风靡伊特鲁里亚的同时，伊特鲁里亚的陶器造型，尤其是带有两个弓形手柄的康塔罗斯杯，也在希腊流行起来[21]。餐桌上用来装酒的双耳细颈瓶也开始采用伊特鲁里亚造型，想必是为了吸引意大利的买家。有一位活跃在公元前 6 世纪中期的陶工采用了这

图 23 产自奥尔维耶托的双耳细颈瓶以黑色颜料描绘了一个正在逗猫的年轻人

些新造型，我们有幸知道他的名字：尼克斯典内斯[22]。此人把自己的名字写在了保存至今的 124 件黑彩陶器和 9 件红彩陶器上，而这仅仅是他所有作品的一小部分。

尼克斯典内斯欣然接受了伊特鲁里亚造型，不只是康塔罗斯杯和双耳细颈瓶，还有单柄酒杯（基亚索斯杯）和圆柱形盒子（皮克西斯盒）。不过，其作坊的主要产品还是像丘西陶器一样的宽口平底酒杯，那是一种希腊造型的陶器，被称作"基里克斯杯"[23]。

它们有着扁平的手柄和宽矮的底座，使用时很难避免把酒洒到胸前——如果你想表现自己的与众不同，这倒是一个独特的优点。从尼克斯典内斯讨好伊特鲁里亚买家的做法来看，他显然愿意取悦这个购买其陶器的市场。伊特鲁里亚市场能够支撑如此庞大的作坊运转，证明了这群顾客对尼克斯典内斯及其同行的重要性。尼克斯典内斯了解伊特鲁里亚人的陶器审美，这肯定给他的事业带来了巨大的帮助，而有关他出身的问题也开始引起人们的注意[24]。或许尼克斯典内斯原本就是一个精明的伊特鲁里亚商人，他移居到雅典，根据故乡的审美制作雅典陶器，采用了伊特鲁里亚人熟悉的造型和他们喜爱的图案，以此来获取利益——是否有这种可能性呢？我们无从知晓，但是上述观点颠覆了温克尔曼的猜想，他曾认为野蛮的伊特鲁里亚人全盘接受了雅典文化。

本章开始提到的丘西陶器运用了一种可能是尼克斯典内斯发明的技巧，即在黑色部分雕刻细节，并搭配白色颜料，正是这种技巧塑造了那双位于人物两侧的优美眼睛。遗憾的是，这件陶器并非出自尼克斯典内斯的作坊。它的主题看起来非常简单，只是描绘了一个坐着的男人和一个站着的女人。这件朴素的陶器及其浅显的图案究竟有何独特之处，致使我选择它作为本章的核心物品呢？诚然，在伊特鲁里亚的其他地方，还有更加精致复杂、令人印象深刻的陶器，装饰着充满吸引力的图案。但是，这个平淡无奇的小场景暗示着希腊陶器为适应伊特鲁里亚市场所做的进一步调整，那就是改变图案，以便更好地反映伊特鲁里亚人的兴趣爱好和社会生活。丘西以生产一种装饰着人物图案的特殊陶器而闻名，这种陶器就是光滑的布凯罗黑陶，其表面闪闪发亮，就像青铜器一样。许多布凯罗黑陶都有一圈水平饰带，那是用一根圆筒碾压黏土留下的花纹[25]。如果仔细观察这些陶器，你会反复看到一个熟悉的场景。

一个人（有时是两个人）坐在凳子上，面前站着一排人。有一些明显是女性，灵巧的曲线勾勒出身体的轮廓；有一些则是男性，穿着宽松的短袍，露出修长的双腿。他们都拿着一样东西，要么是

图 24　布凯罗酒杯，饰带上雕刻了坐在宝座上的人物

手杖或长矛，要么是类似布料的条状物。上座者背后站着一个奇怪的生物，即长翅膀的女人。这些陶器具有惊人的一致性，相同的场景一遍又一遍地出现。它对于丘西的民众来说很重要，而且这个图案被用在饮酒的陶器上也非常合适。画面中似乎展示了一场正式的聚会和献礼活动，参与者有男有女，他们的行为受到了神明的庇佑，而神明则被描绘成名副其实的"宝座背后的力量"。现在，如果重新观察那件进口陶器（见图 15）上的图案，我们可以看到这个场景的剪辑版。一个女人拿着手杖靠近一个坐着的男人，那根手杖很可能是一种力量的象征，一份表明权威的礼物[26]。这两个人呈现了那

图 25　同样的图案出现在另一个酒杯上

条饰带所展示的核心时刻，即通过馈赠赋予责任的瞬间。我们在这件陶器上看到的图案大概来自一位拥有丘西审美的画工。在远离主要贸易港口的小镇上，一个居民可以通过这件陶器跟大洋彼岸的另一个人分享同样的思想。

这并不是低等的伊特鲁里亚人与高等的古希腊人之间的关系。温克尔曼的主张及其影响不符合伊特鲁里亚消费者支配雅典艺术家的观点。对于古希腊艺术的高度评价在很大程度上导致公众忽略了伊特鲁里亚人，然而如果没有伊特鲁里亚拥有者和购买者的影响与投入，这些所谓的杰作又有多少能够得到制造？更不用说幸存下来了。通过产品来确定一个社会的价值未必可行，尤其是该产品的价值还取决于非常主观的东西，比如"美"。我们对他人及其关系所做出的判断，总是比最初看到的情况要复杂。伊特鲁里亚陶器变成古希腊陶器的故事提醒我们，根据第一印象甚至第二印象做判断并非明智之举，而站在敌对的立场上进行评价则更加不可取了。

本章以一只小酒杯为中心，逐渐向外发散，介绍了伊特鲁里亚考古学中最持久的一些说法——把伊特鲁里亚人比作海盗，比作蛮族。还有另一种观点，认为伊特鲁里亚人是古典艺术的拯救者，是审美标准的主导者。当然，一切都取决于你如何解释证据、文本和物品。但是，这项关于古代审美的讨论包含着许多重要的问题，而现代的全球化进程也涉及了同样的问题。西方文化是通过它需要和生产的货物来支配其他社会，还是在它与其他社会的关系中悄悄地改变？我们对事物传播思想和价值观念共享的既定看法真的正确吗？这个陶器与偏见的故事揭示了内心深处的无意识偏见带来的后果，在偏见的影响下，我们对古代世界形成了一种观点，只是这种观点没有危害。伊特鲁里亚人并不在乎我们现代人如何描述他们——他们已经死了，不会受伤。重要的是我们该如何评价和应对生者感知到的差异与不公。

第五章

超级富豪与隐形穷人

到目前为止，本书中出现的所有伊特鲁里亚文物都与一个特权群体有关。拥有、进口和定做那些美丽物品的人确实非常幸运，他们可以接触到最优秀的工匠，争取到最有利的交易，并在死后赢得最大的尊重。这个群体在考古学上是最醒目的，他们富有而强大，能够妥善安置自己的财产，确保其幸存下来。问题是，在聚焦于那些杰出文物的同时，伊特鲁里亚社会生活的一大部分也从我们的视野中消失了。多数伊特鲁里亚人无法获得如此奢侈的物品，更不可能斥巨资来纪念死者。当然，他们的生活肯定跟同时代的富豪一样复杂而迷人，只是踪迹更加难寻。

我们对伊特鲁里亚社会中运气较差的成员知之甚少，就连他们的人数也全靠猜测。几十年来，考古学家一直试图推算伊特鲁里亚的人口数量，但他们主要是关注城市，通过分析聚居地的规模得出结论[1]。据估计，像丘西那样的小城市在鼎盛时期可能有 5000人，塔尔奎尼亚有 2 万人，而最大的城市维爱和切尔韦泰里分别有3.2 万人和 2.5 万人[2]。如果我们承认在塔尔奎尼亚发现的坟墓总共有 6000 个，并且这些坟墓都建于公元前 9—前 4 世纪，那么坟墓数量与人口规模之间的落差便显得非常悬殊。成千上万名伊特鲁里亚人直接从考古学探索的过去消失了。这就是聚焦于坟墓挖掘及其出土文物的局限之处，你只能接触到那些既有财力又有意向举行正式葬礼的人。

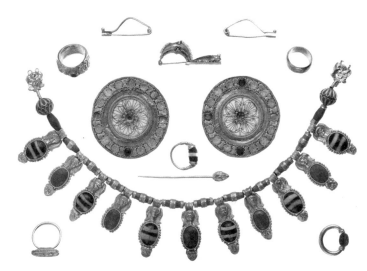

图 26 一套精美的珠宝首饰，被认为来自武尔奇的一座坟墓

至公元前 6 世纪末，有更多的人能够在死后享受比较奢侈的待遇——被安置在家族坟墓中，伴随着精心挑选的陪葬品。没有装饰的朴素墓穴暗示着不太富有的死者也可以得到纪念，而这一时期坟墓数量的增长则表明有越来越多的伊特鲁里亚人选择以庄重的方式处理亲人的尸体。在城市及其相关的墓地之外，几乎看不到乡村人口留下的踪迹，尤其是为伊特鲁里亚创造财富的体力劳动者、矿工和手艺人。考古学家们曾挖掘出一些农场，这些位于乡村的小型遗址主要是贫民的聚居地，其残存的物品十分匮乏，与富人坟墓的华丽装饰形成了鲜明对比[3]。不过，有一处遗址似乎能提供一点儿线索。

自 20 世纪 60 年代被发现以来，奇维塔特山丘遗址便成了伊特鲁里亚考古学界的一个谜团，然而当地人早已知道这个遗址的存在。起初，人们在耕地的过程中偶然发现了一些文物，其中最主要的是一个令人惊叹的青铜头盔[4]。当研究伊特鲁里亚的著名学者拉努奇奥·比安奇·班迪内利（1900—1975）路过附近，停下来吃午饭时，人们赶紧把那些文物摆到了他的餐桌上[5]。四十年后，他把这个地点告诉了一位年轻的美国古典学者，即凯尔·梅雷迪思·菲利普。于是，菲利普发现了奇维塔特山丘遗址，并为之奉献了此后的三十年人生，直到他在 1988 年去世。该遗址所在的地方有一个神秘的名字“Piano del Tesoro”，意为“宝藏平原”。这个名字让人联想到黄金和宝石，但即使曾出现过如此珍贵的东西，它们也早就消失了。如今，这里只剩下考古学的宝藏——一片非凡的建筑群，不同于伊特鲁里亚的其他建筑。

此处人类生活的最早证据是铁器时代末期的陶器碎片，说明大约从公元前 9 世纪开始，这里就变成了聚居地，尽管第一代居民并未留下多少痕迹[6]。然而，公元前 7 世纪初，三栋巨大的建筑在高原上拔地而起，采用了最新的装修方式，点缀着精美的赤陶饰带，屋顶由瓦片铺成[7]。学者们认为，这三栋建筑分别是精英阶层的住宅、生产华丽工艺品的作坊（类似的工艺品散落在遗址各处）和举行宗教仪式的场所[8]。住宅里遍地都是价格不菲的进口货，还有一些工艺品是在附近制造的——就在高原的另一边，出自那个看起来像是作坊专用的地方，它是这一时期极为罕见的幸存物。这栋建筑的侧面是敞开的，便于通风散烟。它的上面是昂贵的赤陶屋顶，可以遮阳挡雨，那是一项重要投资，有利于在底下埋头苦干的人们顺利完成工作。这间作坊生产的物品质量很高，包括精心雕刻的骨制家具饰板和象牙家具饰板，以及上好的布凯罗陶器，其幽暗的光泽令人想起最杰出的青铜制品[9]。工人的指纹伴随着他们制作的一些物品幸存下来，而他们的脚印在建筑毁灭的那一刻被永远地封入黏土之中了[10]。

　　这么多人紧密地挨在一起工作，发生事故恐怕是在所难免的。我们无法了解较小的事故，比如骨折、割伤或烫伤。但是有一天，一名工匠不小心引发了火灾。那应该是一场意外，当时其他工人正忙着完成自己的日常任务。作坊里的所有人都被迫逃命，有些人从一批晾晒的瓦片上跑过，为后世留下了他们在场的证据。象牙饰板烧毁了，陶器摔碎了，而碎片又再次被点燃。大火席卷了高原上的其他建筑，经过酷暑炙烤的干燥草木堪称完美的易燃物，很可能加速了火势的蔓延。一场失控的作坊火灾变成了狂暴的地狱烈焰，整个建筑群都被摧毁了。然而，奇维塔特山丘的居民非常坚强，重建工作似乎很快就开始了。烧焦的断壁残垣被夷为平地，一片更加宏伟的新建筑群在公元前6世纪初落成[11]。

这片新建筑群非常庞大，在投入使用时是古代地中海地区最大的建筑结构。其整体呈方形，中间有一个庭院，屋顶的赤陶瓦片甚至比之前的还要精致。每条侧翼的长度为 60 米，而其中一边又多出 30 米的围墙[12]。在巨大的建筑群上方，矗立着一系列黏土小雕像，它们刻画的姿势可能会让你想起上一章的内容。男人和女人正襟危坐，凝视着下方，他们的精美头饰让底下的所有人都蒙上了阴影。这就是菲利普在 20 世纪 60 年代发现的第一座建筑，而它在伊特鲁里亚考古学界引起了轰动。人们感到非常震惊，这样一座建筑竟然位于荒郊野外，远离大城市，远离古罗马作家李维所描述的"伊特鲁里亚联盟"[13]。各种说法层出不穷——它是伊特鲁里亚联盟设在中立地带的一个会面场所，或者是一片大型的宗教建筑群，甚至是一处类似于"阿哥拉"[1]的政治和贸易中心[14]。

上述说法都没有解决奇维塔特山丘遗址的用途问题，尤其是在那个早期的建筑群被发现之后。这些观点太详细、太具体，以至于显得非常牵强。它们可能符合建筑群的宏伟规模，但是无法反映此处的生活现实，而且肯定不符合考古学领域的发现。挖掘者相信，在那场毁灭性的火灾过后，这个位于高原中心的巨型结构已经吸纳了早期建筑的主要功能。工人们可能被转移到了一个目前尚未发现

---

[1]　阿哥拉（agora）：本意为"集会场所"，指古希腊用于公众集会和商品交易的广场。

的地区，接受更加严格的管控，以防未来的事故会吞没崭新的中心
建筑群。而原来那栋仪式建筑则真正变成了住宅结构的一部分，完
全服务于生活在其中的家族，巩固了他们与神明之间的特殊关系。
这些人属于一个精英阶层的社会网络，它跨越了数百英里，通过共
同的利益和价值观，把富人和权贵联合在一起。伴随死者长眠的杰
出人工制品和南部沿海城市的精美坟墓都是为这个群体而设计和制
作的。

　　从这座公元前 6 世纪的建筑里出土了一些文物，可以体现他们
那种令人羡慕的生活方式，而且其中最有意义的一些时刻也记录在
曾经装点建筑的饰带上。陶器为酒水的大量消耗提供了证据，尤其
能说明问题 [15]。这个遗址发现的动物骨头有很大一部分属于猪，那
是专为食用而饲养的动物。野生动物的骨头也出现了，表明狩猎为

图 27　建筑的赤陶浮雕，出土于奇维塔特山丘，那里是伊特鲁里亚中部的一个谜团

图28 一套精美的布凯罗宴会餐具，包括盘子

奇维塔特山丘上流社会的餐桌增加了珍馐[16]。猎狗追捕野兔的画面装饰着建筑的某些部分，而野猪的獠牙则证明了这类危险的猛兽曾遭到大规模的猎杀和食用。在四种赤陶饰板中，有一种饰板描绘了使用陶器并享用动物的场合，刻画了斜靠在华丽躺椅上的食客，男人和女人一起大快朵颐。能够为如此奢侈的宴会投入足够的资源，体现了东道主的财富与自信。这个家族提供的美酒佳肴显示了他们对领地和劳动力的掌控，但同时也证明了其土地的肥沃程度和民众的生产水平。这暗示着如果没有神明的眷顾，他们便无法享受那么丰富的物产。因此，描绘这项活动有许多重要意义，而所有意义都

源于一个中心思想，那就是奇维塔特山丘的拥有者比周围的普通人地位更高[17]。

　　装点家具的骨雕饰板是巨额财富的另一个标志。使用者希望自己坐的椅子被打造得很漂亮，说明他们既重视功能，又追求美感。每一块饰板的制作都会花费一名工人数个小时，上面镂刻的花纹十分细致。在韦鲁基奥，有一把椅子因为处于渍水土壤[1]中而幸存下来，它让我们看到了一个家具需要多少块类似的饰板[18]。完成这样一件杰作所花费的时间令人惊叹，而似乎有一大批能工巧匠为奇维塔特山丘建筑群的居民服务。屋顶的黏土雕像坐在精美的椅子上，毫无疑问，它们刻画的人物原本就是在那些装饰华丽的家具上摆好造型的。这个场景在另一种饰板上反复出现，展示了坐姿庄重的男人和女人，他们的凳子就像丘西陶器描绘的凳子一样，四条腿互相交叉，仿佛可以折叠起来。

　　在这片建筑群出土的动物骨头中，有些遗骸属于古代世界最昂贵的动物之一——马。驯马所需的时间，为此投入的技巧和精力，再加上最初捕获野马的困难，使得这种动物相当于现代的豪车。它绝不仅仅是一种运输方式，高头大马的拥有和掌控体现了主人的身份。飞驰的快马就像如今在高速公路上平稳行驶的法拉利。正是这

---

[1]　渍水土壤（waterlogged soil）：指含水量接近饱和并出现缺氧情况的土壤。

种动物被雕刻在了奇维塔特山丘的饰板上 [19]。画面中展示了一群骑手，他们正进行着一场没有鞍具的疯狂比赛。骏马全速奔跑，骑手身体前倾，催促它们加快脚步。我们并不清楚这场比赛的背景，之所以说他们在比赛，而非赶路，是因为奖品的存在，那是一个很大的陶器，被称作双耳喷口杯。无论这是什么场合，都令人嗅到了巨

图 29　蒙特莱昂内战车——伊特鲁里亚超级富豪为死后生活准备的华丽交通工具，以青铜和象牙制成，年代为公元前 6 世纪

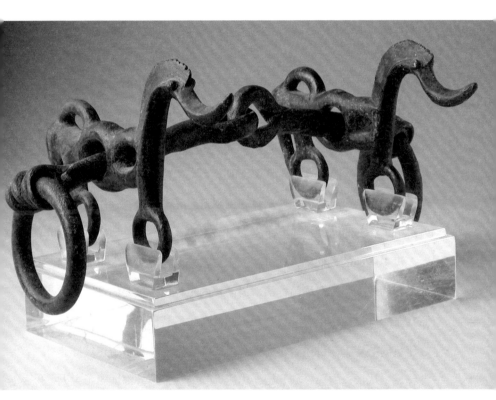

图 30　极为精美的维兰诺瓦马具，与马匹一样，它也是身份地位的象征

额财富的味道，因为参加者拥有三匹非常珍贵的骏马，能够骑着它们快速奔跑，而且有信心承担失去它们的风险（摔断一条腿就会导致这种动物的死亡）。

最后一种饰板也描绘了昂贵的骏马。这一回，它们拉着一辆双轮马车，有一对夫妇坐在前面，那肯定是马车，而非战车[20]。其中一人握着一根华丽的手杖——现在这种组合应该听起来很熟悉了。马车后面有一队人，他们似乎拿着一些精心挑选的东西，包括像扇子一样的半圆形物品和方形的盒子。马匹再次证明了中间那对夫妇的财富与权力，而赤脚跟在他们身后的仆人也强调了这一点。整个画面被解读成一场婚礼游行，新娘嫁入新家，带来了她的财产和随从[21]。这种具体的背景描述是否反映了真实情况可能并不重要，关键是画面中的人物显然在展示自己的财富。无论如何，这一切都给人留下了深刻的印象，甚至变成了标志性的事件。

世界各地的人们都喜欢讲述关于自己家园的故事。人类能够把最平凡的地点变成奇妙的神话，为简单的事件赋予重要的意义，按照自己的设想重塑世界。在与众不同的奇维塔特山丘，这些故事通过建筑的结构重新讲述。作为参观者，你肯定会觉得整个建筑群非常壮观。从抵达的那一刻开始，你所看到的每个地方都证明了主人的财富与权力。他们利用这座建筑来宣传自己的家族，在屋顶上向下望的祖先雕像只是其中最显眼的部分。在此生活的人们能够在数十年之内战胜灾难。从灰烬中崛起的新建筑群代表着数千小时的劳动，而它的装饰细节则说明其拥有者跟同时期的精英阶层一样，喜爱狩猎和赛马的活动，重视游行和公开的场合。这个家族把自己的故事嵌入了住宅的墙壁里，只要看上一眼，他们就能巩固共同的优越感。

　　然而，体力劳动者和手艺人的故事却没有享受到同样的待遇。他们经历了什么，又是如何生活的？奇维塔特山丘的挖掘者一直无法回答这个问题。当然，如此庞大的建筑群不可能独立存在，但是支撑其运转的工人都住在哪儿呢？他们应该没有使用公元前 7 世纪的住宅，也没有搬进公元前 6 世纪重建的宏伟建筑群中。此处并未发现类似于后来古罗马奴隶营房的建筑。2005 年前后，人们确实在穆尔洛的维斯科瓦多村庄挖掘出了一个聚居地，距离奇维塔特山丘大约 3 千米，但是那些窑炉和房屋残骸的年代远远晚于附近山顶的遗迹 [22]。在这种距离上的小型卫星聚居地可以为奇维塔特山丘提供充足的劳动力吗？大概不行。那么，后勤人员究竟在哪儿？考古学家要怎样才能找到他们呢？

　　2012 年，在一条蜿蜒穿越遗址的中世纪道路两侧，挖掘工作开始了。在南边，水土流失带走了伊特鲁里亚时期的沉积物。然而在北边，有一些小型建筑和工业活动的痕迹，这引起了研究者的兴趣。金属加工产生的大量熔渣和碎屑出现了，考古队小心发掘的一排排巨大岩石看起来很像墙壁的轮廓。2013 年，人们对这一区域进行了更多的探索。在航拍技术的协助下，他们确信自己找到了一系列小型建筑，很可能是房屋。它们经历了两个建造阶段，从椭圆形变成了长方形。每个建筑的墙壁线之外都有许多垃圾，包括动物的骨头、摔坏的粗陶和破碎的赤陶瓦片，这说明它们曾被当作住宅，内部保持干净，而外部倾倒垃圾。正如最初的发现所示，这些建筑还具有工业用途。我们似乎可以肯定，此处生产过青铜器，而骨雕的碎片则表明类似的工艺品也得到了制造。奇维塔特山丘的工人终于出现了[23]。

该地区的挖掘工作正在继续进行，考古队试图确定这片辅助性聚居地的范围。目前，学界认为这些房屋的两个建造阶段对应着旁边高原上的两个建造阶段，尽管地层中没有烧焦的残骸能证明大火曾蔓延到这里。附近有一口被人为堵住的古井，因此在这个水源、2013 年发现的房屋和"宝藏平原"的主要建筑群之间，或许还能发现更多的住宅。这些建筑提供了一个诱人的机会，能够让我们窥探奇维塔特山丘后勤人员的生活。他们当中至少有一部分人住在石砌的房子里，其采用的建筑技巧跟富豪邻居的大型建筑群一样。他们是技艺娴熟的工匠（在高原及其周围发现了当地生产的物品，它们的质量已经证明了这一点），雇主允许或鼓励他们把工作带回家完成。他们可以获得各种物品和食物，虽然不如主建筑群的居住者所享用的东西那么丰富，但也并未出现严重的短缺现象。不过，这里没有平等。那些高档物品的碎片很可能是有钱人丢弃的垃圾，被捡回来重新利用。和附近的庞大建筑群相比，此处的房屋显得十分渺小。两个地方仅仅相隔数米，人们的生活质量却有着天壤之别。

2012 年和 2013 年的挖掘行动带来了另一项更加可怕的发现。

众所周知，要想评判一个社会，可以看它如何对待最弱小的成员。这项新发现表明，在奇维塔特山丘的社会中，一些最弱小的成员没有得到善待[24]。自 20 世纪 60 年代以来，人们为该遗址各处的骨骼残骸建立了一个大型档案，把它们收集起来，留待日后分析。每一次的出土背景都得到了认真记录，因此这些残骸跟地上和地下的考古工作始终紧密相连。2012 年，关于这项大型考古资源的研究开始了。在动物的骨骼中混杂着一些纤弱的骨骼，经过专家的检验，它们无疑属于人类。起初，这看起来像是一个异常事件，也许是水土流失造成的结果。那些婴儿的遗骸来自一个数年前被挖掘的区域，它们的存在会不会源于收集的失误，或者遗漏的坟墓？

很快，人们便意识到这并非偶然。装着动物骨骼的透明塑料袋里被检验出了越来越多的婴儿遗骸。随后，一个正在挖掘的区域当场出土了一块骨骼碎片[25]，而周围并没有坟墓被遗漏。这是一个孩子的部分尸骸，跟工业废品和动物骨骼一起，被丢弃在较为贫穷的那一边。它提醒我们，在宏伟的建筑和美丽的工艺背后，隐藏着艰难和痛苦的黑暗现实。据估计，在后来的古罗马时期，每 100 次怀孕就有 30 个婴儿夭折，这个比例也适用于伊特鲁里亚时期[26]。在一个没有疫苗且围产期[1]卫生条件极差的世界里，导致婴儿死亡的

---

[1]　围产期（perinatal）：通常指怀孕 28 周到产后 1 周的这段时间，是分娩前后的重要时期。

原因不可胜数。近期有学者分析了雅典的一处葬婴遗址，它位于一口废井内，其中的大多数死婴都是在剪断脐带之后感染了脑膜炎[27]。古代没有无菌器械，不够洁净的青铜刀片可以毫不费力地把细菌引入弱小的免疫系统中，造成致命的后果。

奇维塔特山丘的居民知道许多婴儿都活不下来，所以有可能决定不去纪念或重视这些无法避免的死亡。一次悲惨的虚耗，一个必然的结局，一场可怕的冒险——迎接新生命的过程肯定充满了焦虑和恐惧。伊特鲁里亚的社会习俗恐怕故意否认了婴儿的生存权，直到他们渡过早期的难关为止[28]。在这个问题上，人格的概念很重要，而有些个体并未被当作人。如果为夭折的婴儿——举行葬礼，将会耗费无穷的时间和精力。在现代人眼中，他们的父母没有流露出一丝悲伤，因为他们没能享受到应有的葬礼，反而被扔进了垃圾堆里。这些婴儿留下的血缘关系及其父母的身心痛苦已经无法重现。然而，有一点非常明确，那就是至少在象征意义上，这些婴儿没有得到他们所属社会的重视。在奇维塔特山丘的社会中，这些最幼小、最柔弱的成员似乎生前受尽折磨，死后又被人故意遗忘。他们散落的骸骨与附近阿古佐山丘上埋葬权贵的精美坟墓形成了鲜明的对比。

奇维塔特山丘的贫富对比令人想起了现代世界经济财富的极端差异。超级富豪通过慈善基金重新分配财富的情况或许不符合伊特鲁里亚的现实，但在抬高身价和奢侈生活上花费大量金钱是人类享受财富的永恒主题。奇维塔特山丘的巨大建筑群类似于托斯卡纳乡间的豪华别墅——从古罗马地主的庄园开始，到中世纪贵族（包括美第奇家族）的府邸，最终是橄榄球运动员和百万富翁的住宅。普通人的生活仍在外面继续上演，当工人们在小房子里处理日常事务时，超级富豪却在游泳池边制造八卦新闻。正如奇维塔特山丘的考古学记录所示，富人的文化依然支配着我们的欲望和意识，而穷人的生活只能留下转瞬即逝的痕迹，被浮华的光芒所掩盖。

如果从不同的视角来解读奇维塔特山丘的故事，其结局明显会呈现出另一番色彩。重修之后的建筑群将在一场暴力行动中被无情

图 31　公元前 6 世纪的精美黄金耳环

地摧毁。目前已知最大的伊特鲁里亚建筑并未保存下来，像古希腊建筑那样享誉世界。相反，它遭到了拆除，建筑上的赤陶装饰被砸碎并埋进了坑里。所有值钱的东西似乎都被拿走了，只有极少数金属制品或进口陶器幸免于难。水源被垃圾堵住了，确保以后没有人能在此生活。2015 年的挖掘工作甚至暗示了这场破坏的暴力性质，考古队在一口特殊的废井周围发现了人类遗骸[29]。没有迹象表明这场动乱的导火索是什么，或许是因为粮食歉收暴露了精英家族的无能，所以奇维塔特山丘的工人奋起反抗，试图摆脱他们的控制。不过，这只是一种猜测，奇维塔特山丘也可能成了另一座城市失控的牺牲品。

　　无论那些破坏者是谁，他们都把任务完成得非常彻底：在此后的数千年间，这里一直无人居住，只有漂泊的牧羊人和追捕野猪的猎人会打破平静。在过去的一千年中，这片土地属于伟大的锡耶纳圣母医院，如今依然灌木丛生，野草覆盖的一排排石头标记着富人和穷人的住所。当考古队离开时，领袖家族的豪宅和普通工人的蜗居重新消失在回填的土壤和干枯的落叶下。但是，这个遗址显示了伊特鲁里亚社会中不平等的现实和后果，而那些问题是无法轻易抹去的。

第六章

生为女人

无论在考古学界还是当今社会，平等都是一个棘手的话题。人们因为身体条件和生活状况而受到歧视或得到提拔，并由此划分成不同的群体。一个人的肤色、种族或社会经济地位可以影响其过去和现在的待遇。还有一种差异源于生理性别，这是根据某个身体器官的有无来定义的。从出生那一刻起，生殖器官的存在便开启了一个社会化的过程。稚嫩的婴儿不断地成长和改变，经历生理、心理和社会的影响，成为一个有性别倾向的成年人。在自由的欧美世界观中，成年人的性别不是二元的。也就是说，并不是非男即女那么简单。跨性别者和其他性别者正在被越来越多的人所接受，这一点值得庆幸。然而，特定身体部位的原始有无依然是影响人们生活的重要因素，它们通过社会的认可或厌恶决定着我们对自己的感受。

伊特鲁里亚世界也按照身体划分人群。大多数情况下，男性和女性的身体截然不同——在坟墓的壁画上，可以根据服饰、形态和肤色进行区分[1]。伊特鲁里亚人或许没有跟我们一样的男女概念，也没有生理性别与社会性别的关系。尽管有一些特殊的个体或行为不符合现代的性别角色，但看起来伊特鲁里亚人确实很重视身体的差异。我们可以提出宗教人物属于第三种性别，或者承认某些个体有跨性别的经历[2]。然而，本章的重点是男性生活与女性生活之间的明显差异，以及人们对伊特鲁里亚女性行为的描绘。在这个问题

图 32　一尊年轻女人的雕像，可能制作于丘西或武尔奇，年代为公元前 6 世纪末

上，伊特鲁里亚文本的缺失是一项有利的平衡因素；无论作者的性别是什么，都不可能真实记录伊特鲁里亚女性的经历。

不过，在考古发现中，女性的身体和财产却顽强地幸存下来，讲述着她们的故事，但前提是我们要具备倾听的能力。考古学家对女性生活的解释一向都很糟糕，他们的结论总是充满了刻板印象，热衷于强调男性的创新、行动和权力以及女性的逆来顺受[3]。这样的例子在考古学界比比皆是，他们坚决否认过去的女性能够获得现代社会无法给予的权力。即使一个女人拥有极为丰富的陪葬品，它们也会被贬低为动产——这些东西只是用来显示她对男性物主的价值，无论那个人是她的父亲、丈夫还是兄弟[4]。女人可以是妻子、女儿、母亲和姐妹，却不能是商人、物主或工匠。在分析特殊的女性时，考古学家提出了令人怀疑的解释，认为她们借助宗教提高了自己的地位，或者跟女战士的传说有关。近年来，女性主义考古学家一直在与这些偏见做斗争，并重新探索过去的女性生活，但是她们在自己的影响范围之外并未得到重视。

随着女性主义考古学逐渐获得关注，人们开始利用大型火葬墓园对伊特鲁里亚女性的生活进行初步研究，总结特定陪葬品与墓主性别之间的关系[5]。结果非常明确，大多数男性的陪葬品都包含武器，而大多数女性的陪葬品都包含纺织工具。两种陪葬品似乎是相互排斥的——要么是武器，要么是纺织工具。然而，这项关于早期阶段的初步研究可能已经发现了一些特例，即两种陪葬品皆有或均无的情况。坟墓中出土的其他物品使局面变得更加混乱，按照上述的分类体系，包含剃刀和珠宝的陪葬品应该属于男性还是女性呢？根据人工制品来推测墓主性别的做法很成问题。如果没有对火化后的遗骸做基因分析，就连"女人是织布者、男人是战士"的假设都难以证实，而类似的分析至今尚未出现。

图 33　雪花石膏制成的香水瓶，形状像一个女人

这项研究的结论不仅适用于双锥骨灰瓮，也适用于后来的伊特鲁里亚坟墓，只可惜不同的人对那些结论有不同的看法。受女性主义思想影响的考古学家可能会认为，这项研究证明了跨性别者的存在；而基于男女劳动特征的传统观点或许会忽略那些细微的差别，直接采纳大范围的数据。两个阵营都选择了符合自己偏见的解释。然而，后来的坟墓提供了一个骨灰瓮墓园所欠缺的机会。在极少数情况下，如果坟墓并未被洗劫一空，或者其挖掘者只是想出售雅典陶器的古董商，那么或许会有一具尸体幸存下来。尽管物品可以讲述故事的一个版本，但尸体却能讲述另一个版本。而且，骨架的存在有助于确定古代死者的生理性别，使得基因分析在很多时候不再是必需的。

因此，2013 年秋，当一具尸骨伴随着原封未动的坟墓在塔尔奎尼亚出土时，一个罕见的机会出现了。当地媒体、国家媒体乃至国际媒体齐聚一堂，等待挖掘者公布他们的发现。除了那具摆在躺椅上的尸骨之外，坟墓里还有一个精美的骨灰瓮装着火化后的遗骸。墙上悬挂着一个保存完好的香水瓶，于是该坟墓被命名为"球形瓶悬挂之墓"。这座非凡的坟墓就是本章的中心事物，而且它无疑是21 世纪伊特鲁里亚考古学最重要的发现之一。坟墓的入口处散落着一些陶器，都是典型的宴会用品，其中包括一块刨丝板，根据荷马的描述，那是用来给酒水添加奶酪的工具。在坟墓里，尸体上放着一根长矛，还有一个青铜盒、一个青铜盆和一件装满搭扣的彩绘陶器。挖掘这座坟墓的考古队来自都灵大学，他们结合那根长矛和华丽的服饰，得出了初步的解释：墓主是一名地位很高的男性。在场的媒体添油加醋，改变了原始声明，宣称墓主是一位武士王子[6]。纸质媒体和网络媒体都大肆报道了这个新闻，一时之间，被遗忘的伊特鲁里亚人成了万众瞩目的焦点。与此同时，考古学家还在仔细地完成收尾工作。他们对陶器作了初步分析，确认其年代为公元前7世纪。各项研究继续进行，金属制品被交给文物修复员，而一位骨骼考古学家则接管了那具尸骨。正是在这时，关于武士王子的广泛报道被证明是错误的[7]。那具尸骨显然属于一名女性。

于是，难题来了。这个女人究竟是谁，为何能带着如此贵重的物品下葬？后来，考古队提出那根长矛具有象征意义，或许体现了这个女人与被火化男子之间的关系。这种颇为含糊的解释反映了父权观点对考古学的影响——宁愿诉诸一种未知的习俗，也不肯承认女性在过去拥有权力的可能性。后来的出版物把这个女人的身份降低为"裁缝"，凸显了其任人差遣和专注家务的特点[8]。塔尔奎尼亚的早期坟墓中已经出现了纺织工具与武器的组合，那可能暗示着一种织布与战斗并存的生活方式。无论是否具有象征意义，长矛都代表着侵略、控制和暴力。这就是武器带来的联想，不管它是这个女人亲自使用的武器，还是她命令别人使用的武器。那么，伊特鲁里亚社会容得下这样一个强大的女人吗？

从伊特鲁里亚女性的传说来看，答案是肯定的。实际上，伊特鲁里亚女性的名气很大，她们的独立已经成了伊特鲁里亚社会广为人知的少数特点之一，这也是伊特鲁里亚神话的一个关键部分。伊特鲁里亚的视觉艺术经常采用女性的形象。在陶器和赤陶工艺品的图案中，女人总是占据着男人身边的宝座。在伟大的伊特鲁里亚建筑里，许多饰带都雕刻着女人的脸庞和身体。在坟墓的壁画上，女人和男人一起用餐，他们穿着同样华丽的服饰，坐着同一张躺椅。棺材和骨灰瓮永远地定格了这些场景，上面的雕塑是女人和她们的伴侣或者女人自己[9]。她们跟男人享用同样的食物、酒水和奢侈品，而且受到的尊重似乎也不亚于男性祖先。坟墓里的铭文在介绍死者时，不仅提到了他们的父亲，还提到了他们的母亲及其家族，承认了女性血统的重要性[10]。女神也被反复地描绘，为女性的身体注入了神圣的力量，而野兽和翅膀的出现则表明了她们对自然界和超自然界的掌控。

这些形象的原型都是富有乃至神圣的女人，你或许会认为她们的经历与众不同。然而，抛开伊特鲁里亚社会的特权，我们可以发现其他阶层似乎也存在一种相对尊重女性的文化。在画工描绘的献礼场景中，向统治者交出产品的民众既有男人，也有女人。富有的女人用昂贵的青铜工具来锻炼手艺，而贫穷的女人则用粗陶

图 34　"双豹之墓"的壁画，出土于塔尔奎尼亚

和骨头制成的简陋工具来完成任务。纺织工具上往往装饰或标记着特殊的符号，表明这些创造财富的物品归个人所有。从考古学的角度来看，社会地位较低的女性及其与周围男性的关系更加难以捉摸，不过我们依然能找到线索。如果一个女人拥有自己的纺织工具，还在上面标记了她的专属符号，那么她生产的货物应该属于她自己，并根据她的意愿来使用。工具无法讲述这些女人的故事，但是既然富有的女人在墓志铭中得到了承认，那么贫穷的女人也有可能得到承认。

　　然而，承认并不意味着平等。在这里，"相对"一词非常重要。同古代地中海地区的其他女性比起来，伊特鲁里亚女性或许享有更

多的权利 [11]。在雅典，体面的女人很少离开自己的房间，甚至都不能踏足"安德隆"（andron），即男人用餐的地方。她们唯一的活动就是参加宗教庆典或葬礼，也有可能拜访女性朋友。为了维护现状，其他类型的女性总是被视为野蛮人，无论她们是勇猛的亚马孙女战士还是独立的伊特鲁里亚女人。后来，古罗马女性虽然获得了更多

图 35　屋檐上的女性雕像装饰，可能来自切尔韦泰里的一座伊特鲁里亚神庙

的自由，但是社会并不鼓励她们模仿伊特鲁里亚女性的行为[12]。在谈论伊特鲁里亚女性的行为时，古罗马作家跟古希腊人一样不满，而正是他们的作品为伊特鲁里亚独立女性的概念奠定了基础。实际上，李维还把伊特鲁里亚女性置于罗马共和国建立的关键环节中。

尽管追溯神话的年代多半属于劳而无功的消遣，但是这个故事大致发生在公元前 6 世纪的最后十年里。一位名叫塔尔奎尼乌斯·克拉提努斯的罗马贵族与当时统治罗马城的伊特鲁里亚国王之子塞克斯图斯·塔尔奎尼乌斯一起用餐。两个男人喝了一晚上酒，开始争论谁的妻子更贤惠。他们先去了国王家，结果发现王子的伊特鲁里亚妻子也在寻欢作乐——用李维的话来说，就是"跟朋友们享受宴会"[13]。相反，在塔尔奎尼乌斯·克拉提努斯的豪宅里，贤惠的卢克丽霞像天使一样"在灯光下纺织羊毛"。卢克丽霞为罗马妇女树立了榜样，她专注于适合女人的手艺活儿，而不是陶醉于餐桌和酒壶带来的乐趣。但是，这对她没有任何好处。她的完美让邪恶的塞克斯图斯·塔尔奎尼乌斯燃起了欲望，几天后，他又回到卢克丽霞的家中，强暴了她。卢克丽霞向她的丈夫、父亲以及他们信任的两位朋友指认了罪犯，随后便自杀了。她的丈夫和父亲联合起来，把塞克斯图斯·塔尔奎尼乌斯的荒淫家族赶出了罗马城。塔尔奎尼乌斯家的女人间接地导致了男人的垮台，她们对宴会的沉迷证明了其家族的堕落。李维崇尚严格的罗马道德准则，当女性违背这些准则时，社会将遭到不可弥补的破坏，而死亡、溃败和流放无疑会接踵而来[14]。

在卢克丽霞的故事中，不知名的伊特鲁里亚女人因为享受宴会的无辜乐趣而丧失了她们在罗马的地位。然而，塞克斯图斯·塔尔奎尼乌斯的母亲图利娅和祖母塔娜奎尔不仅是李维所说的荒淫家族的成员，她们还是老练的政客，可以毫不犹豫地扩大自己家族的势力[15]。根据传说，塔娜奎尔是塔尔奎尼亚城的名门千金，她嫁给了一个移民的儿子，那个移民是来自科林斯的希腊人，名叫德马拉图斯。他为自己的儿子起了一个讨好当地人的名字，即塔尔奎尼乌斯，但是塔娜奎尔知道，德马拉图斯的出身使她的丈夫无法在她的家乡获得权力，于是她要求搬到罗马。这对夫妇巧妙地赢得了罗马城统治者的信任，并在其死后夺取了政权。在李维、老普林尼和卡西乌斯·狄奥的笔下，塔娜奎尔这个人物集中了许多关于伊特鲁里亚女性的刻板印象[16]。她被描述成一位女先知，能够看懂征兆并解读梦境。当她丈夫的帽子被一只老鹰偷走又礼貌地还给他时，塔娜奎尔立刻意识到这件怪事是神明的启示。后来，塔娜奎尔还根据一个幻象承认她的养子塞尔维乌斯·图利乌斯有做国王的潜力。当那个年轻人睡觉时，他的脑袋似乎被火焰吞没了，当他醒来时，火焰又消失了。塔娜奎尔把这个幻象解释为神明眷顾的象征。在日常生活中，塔娜奎尔被描述成一名优秀的羊毛纺织工。她在古罗马作品中几乎没有遭到诋毁，这对于伊特鲁里亚女性来说很不寻常。回顾她的故事，我们会发现一个典型的特征，那就是她一直在运用自己的才能（无论是操纵政治、解读征兆还是纺织羊毛）为丈夫服务。塔娜奎尔的权力被一个男人所支配，因此后来能经受住男性作家的批判目光。

塔娜奎尔的儿媳图利娅更喜欢为自己谋划，暗算周围的男人。所以，她和她的儿子成了古罗马文学中的大反派。图利娅的父亲是塔娜奎尔的养子塞尔维乌斯·图利乌斯，即此时的罗马城国王。为了亲上加亲，两个家族决定进行联姻，让图利娅和她的姐姐分别与塔娜奎尔的两个儿子结婚。图利娅嫁给了较为懒散的阿伦斯，而她那热爱和平的姐姐却跟野心勃勃的卢西乌斯拴在了一起。图利娅和她的姐夫不可避免地被对方深深吸引，并谋杀了各自的配偶。这对邪恶的情侣结婚以后，又计划着夺取王位。在图利娅的命令下，卢西乌斯率领一群暴徒攻进了政府机构元老院。卢西乌斯遵照妻子的指示，把岳父从窗户扔了出去。他落在臭水沟里，被图利娅雇来的刺客杀害了，而她则亲自送上了最后的羞辱——打扮得光鲜亮丽，驾着豪华马车前往元老院，她扬鞭策马，径直踏过了父亲的尸体。

图利娅的所作所为使她被归入了坏女人的一个特殊分类。杀害近亲是古罗马最可怕的罪行之一，李维称图利娅犯下了"恶毒而残暴的罪行"。后来的法典规定，这项罪行的惩罚是把犯人连同一群经过挑选的动物塞入皮袋，并封死袋口，接着将皮袋扔进河里或湖里。袋子的皮革质地会延长整个过程，确保犯人缓慢地窒息而亡，或者在动物的撕咬下痛苦死去。不过，图利娅逃脱了惩罚，她的丈夫成了国王，而她的无耻行径也得到了奖励，尽管只是暂时的。与表面现象相反，李维很清楚这个恶妇不会有好下场。他指出，图利娅的行为触怒了众神，因而导致其家族垮台。当他们逃出罗马时，民众认为一切都怪图利娅——李维提到她被城里的男人和女人轮番咒骂，还"招来了她父亲复仇的灵魂"[17]。

李维描写的这些伊特鲁里亚女性都是非同寻常的人物。包括那位不知名的儿媳在内，这个王室家族陷入危机的故事展示了罗马人对伊特鲁里亚女性的看法。不过，夸张的叙述中也隐藏着重要的信息。图利娅和塔娜奎尔都把获得权威视为自己的绝对权利。在上述两个事例中，男人都是借助女人的力量才成了统治者：塔娜奎尔牺牲了亲生儿子的利益，提拔了塞尔维乌斯·图利乌斯，而图利娅则杀害了他，为自己的丈夫夺得了王位。解读天意、织布纺线和生养孩子都是女性为自己争取地位的活动。声称具有通神能力、生产高质量的货物以及神奇的怀孕和分娩过程——这些都是李维笔下塔尔奎尼乌斯家女性的特征，也可以被视为其他伊特鲁里亚女性的特征，再加上她们和不知名的朋友参加宴会的举动，表明伊特鲁里亚女性不仅能获得财富和权力，还能享受其带来的愉快结果。李维要表达的重点是女性的强势最终只会带来麻烦，如无情的谋杀、神明的疏远以及流放和死亡。

历史文献对伊特鲁里亚女性的描写如此精彩，难怪后来的文学作品会不断重复她们的故事。薄伽丘（1313—1375）把塔娜奎尔收入了他所撰写的女性名人传记，该书题为"De mulieribus claris"，通常被翻译成"名媛"[18]。塔娜奎尔是伊特鲁里亚的代表，尽管薄伽丘采用了她的罗马名字"盖娅·希瑞拉"。薄伽丘的作品在文学界留下了伊特鲁里亚女性非常独立的刻板印象。他把这本书献给一位那不勒斯权贵的妹妹，而她侍奉的正是手握大权且臭名昭著的那不勒斯女王乔万娜。女王本人曾被指控谋杀了自己的丈夫，当一群嫉妒的贵族勒死他时，他那怀孕的妻子就在隔壁[19]。然而，不同于图利娅，那不勒斯的乔万娜摆脱了谋杀丈夫的罪名，并成为薄伽丘写进书中的最后一位著名女性。在文艺复兴早期的宫廷里，对于乔万娜及其身边的夫人小姐来说，这些伊特鲁里亚女性的故事和更加传统的女性榜样不仅提供了娱乐，还带来了启发。薄伽丘的描写也影响了英国文学史的进程，成为乔叟创作《贞女传奇》（约1387年）的直接灵感来源。尽管塔娜奎尔没有在后面这部作品中出现，但是古罗马的卢克丽霞出现了。正是她的故事把伊特鲁里亚女性行为不端的传说带入了英语文本，而塔娜奎尔身上更加积极的品质则被留在了拉丁语的世界里。

　　两个世纪后，另一位文学巨匠沿着乔叟开拓的道路继续前进。莎士比亚的史诗《卢克丽霞失贞记》[1]（1594 年）提到了同一批伊特鲁里亚女性。这首诗讲述了塞克斯图斯·塔尔奎尼乌斯与卢克丽霞的相遇，以及她与丈夫的悲惨诀别。然而，在介绍诗歌背景的序言中，伟大的莎士比亚给予了伊特鲁里亚女性一点小小的关注："其他夫人正在跳舞狂欢，或尽情享乐。"李维曾经把塔尔奎尼乌斯家的女人形容成懒散的生物，而莎士比亚的这番简短描述则更加严重。"尽情享乐"的含义已经超越了其自由玩耍的本意，莎士比亚在暗示伊特鲁里亚女人与卢克丽霞的区别是她们对待性的态度。后来，莎士比亚称她为"贞洁的卢克丽霞"，并指出塞克斯图斯·塔尔奎尼乌斯之所以情难自禁，恰恰是因为贞洁带来的新奇感："也许正是'贞洁'的美名不幸勾起了他的强烈欲望。"（第一幕第二场）

　　伊特鲁里亚女性或许还对《麦克白》以及麦克白夫人的角色产生了影响 20。有学者认为莎士比亚读过肯特郡[2]作家威廉·佩因特（1540？—1594）的作品，后者根据李维刻画的图利娅和塔娜奎尔撰写了《两位罗马王后》（1575 年）。佩因特赋予图利娅的台词被莎士比亚改编成麦克白夫人的台词，而且她们的故事也颇为相似：她们都渴望权力，都谨慎地操纵着自己的丈夫，都愿意动手杀人。虽

[1]　《卢克丽霞失贞记》（The Rape of Lucrece）：又译《鲁克丽丝受辱记》。
[2]　肯特郡（Kent）：英国英格兰东南部的一个郡。

然佩因特把那两个女人描述成了罗马人，但是《卢克丽霞失贞记》明显体现了莎士比亚对伊特鲁里亚女性行为的了解，所以他很可能意识到了这些臭名昭著的伊特鲁里亚女性与他笔下最邪恶的女人之间的关系。后来，到了17世纪，图利娅的形象被用于诋毁玛丽二世，因为她登上了英格兰王位并流放了她的父亲詹姆斯二世。在近代早期的思想中，伊特鲁里亚女性是政治阴谋和道德败坏的化身，这种观点可谓根深蒂固。

文本资料的问题在于它们只提到了特殊情况下的一小部分伊特鲁里亚女性。这些女性为叙事的目的而服务——对于李维和莎士比亚来说都是如此。诚然，我们可以从故事里搜集到真相的细小碎片，包括女性劳动的价值、她们与神明的关系以及她们举办并享受晚间娱乐活动的能力。但是，这些线索的可靠性也会受到质疑，以男性为中心的伊特鲁里亚考古学总是故意忽略历史文献对家庭之外女性权力的描述。另一方面，在女性主义改写的历史背景下，由于伊特鲁里亚绘画展现了女性和男性一起参加活动的场面，而且他们死后还享受相似的待遇，我们可能会得出结论，认为伊特鲁里亚是一个古代的女性主义乌托邦。然而，这种观点过于简单化，同歧视女性的观点一样错误。贯穿本章的词语——平等、独立——都是我们自己文化所特有的概念。对于女性来说，平等究竟意味着什么？同工同酬？我们无法得知伊特鲁里亚女性织布的收入是多少，而男性织布的收入又是多少。在后代面前拥有同样的权利，在家族中获得同样的尊重？在坟墓上留名并不代表社会给予母亲的尊重和责任同给予父亲的一样。机会均等？与男性伴侣共用一张宴会躺椅不能保证女性拥有伴侣的呵护和在饭后拒绝他们的权利。

我们永远也不知道伊特鲁里亚女性在意大利半岛上过着怎样的生活。但是，她们在考古资料和文献记载中留下的痕迹却让我们这个所谓崇尚平等的现代社会暴露了缺陷。对于伊特鲁里亚考古学来说，球形瓶悬挂之墓的发现是一个非凡的时刻，为创新提供了激动人心的机会。然而，男性主导的传统观点使这场讨论蒙上了阴影。当初引起轰动的那具女性尸骨被抛在一边，古代女性的生活面貌依然取决于现代女性的经历。球形瓶悬挂之墓的女性死者可能会带来一个非常迷人的故事——她与长矛和昂贵的香水瓶有何联系？她与同穴的伴侣是什么关系？结果，她只是又一个无趣的裁缝，跟一位武士埋在了一起。有多少现代女性仍旧被刻板印象所限制，无法超越性别歧视者定义的母亲、工人、思想家和政治家？带有性别偏见的各种假设困扰着现代女性，就像它们掩盖了古代女性的经历一样。

李维、薄伽丘和莎士比亚所描绘的伊特鲁里亚女性与现代世界有一种更加黑暗的联系。卢克丽霞受辱显然是一个极端厌女的事件，其罪犯正是被认为对女性友好的伊特鲁里亚人。然而，人们却把这场伤害无辜者的暴行归咎于伊特鲁里亚女性的行为。女人要为其他女人遭受的虐待承担责任：是她们的邪恶行为，她们的道德沦丧，导致一个完全无辜的女人被侵犯乃至丧命。在 21 世纪也流行着同样的逻辑，人们以此解释街头骚扰、性虐待和近年来用色情照片或视频报复女性的现象。任何敢于享乐的女人，尤其是从性爱中获得愉悦的女人，不仅是正当的攻击目标，还要为其他女人的受虐负责。人们必须通过公开羞辱的方式惩罚她，如传播色情录像、在网上散布私密照片，以及为八卦报纸撰写耸人听闻的标题。通宵狂欢的现代"伊特鲁里亚女性"如果在回家的路上遇袭，依然不值得同情。在性犯罪的报道中，谴责受害者始终是一个深层次的问题，而且这种做法会对受害者的心理造成严重的不良影响。

关于伊特鲁里亚女性异常独立的故事还在流传。然而，只有打破这种刻板印象，将其细分为各阶层伊特鲁里亚女性不同的个人经历，我们才有望了解她们在社会上的地位和她们生活中的喜怒哀乐。只有这样，我们才能完全理解球形瓶悬挂之墓里的那些非凡遗物。只有这样，我们才能摆脱李维和他的继承者，揭示出伊特鲁里亚女性生活的丰富多彩。同样的观点也有可能改变现在。正视女性遭受的虐待，可以赋予她们抵抗的力量，并且证明那些古老的问题依然存在。通过这种方式，伊特鲁里亚女性独立的刻板印象或许能成为现实。

第七章

安稳如房屋

到目前为止，本书主要遵循了一种在伊特鲁里亚考古学上颇为常见却又问题重重的模式。其关注的焦点是"被埋葬的人们"，这个流传已久的说法出自一项著名的伊特鲁里亚文化研究的标题[1]。壮观的伊特鲁里亚坟墓及其内部精美的物品和鲜艳的壁画使考古学家就像车头灯照耀下的兔子，被死亡的光芒蒙蔽了双眼[2]。迷人的外表掩盖了更加普遍的生活痕迹，包括零散的碎片和废弃的垃圾。这些东西不在坟墓中，而在街巷里。如前所述，奇维塔特山丘的发掘带来了大量的新信息，但那远远不是一个"正常"的伊特鲁里亚城镇。田野调查和挖掘也发现了古代的农场和住宅，开始揭露伊特鲁里亚乡间生活的复杂性。然而，许多伊特鲁里亚人生活的真实情况都隐藏在现代聚居地之下。伊特鲁里亚的大城市选址非常理想，因此可以延续数个世纪，甚至到今天还是人们居住的地方。

规模较小、位置较偏的城镇更适合探索伊特鲁里亚人日常生活的遗迹。本章主要讨论的地点位于目前提到的那些城市以北，其选址充满了诗情画意，完全符合伊特鲁里亚人的居住习惯。古城马尔扎博托坐落在雷诺河上方的山口处，两侧的谷壁颇为陡峭，迥异于托斯卡纳明信片上柔和起伏的丘陵。即使在炎炎夏日，这里的空气也与南边不同。朦胧的金色田野消失了，森林变得更加浓密而阴暗。冬雪在南边只是小小的烦恼，在这里却是严重的威胁。此地有一处罕见的遗址，它是至今保存最完好的伊特鲁里亚聚居地之一。马尔扎博托距离博洛尼亚不远，那也是一座伊特鲁里亚城市，现在已经完全被中世纪建立的市中心和现代拓展的城区所掩盖。游客们纷纷涌向博洛尼亚的大型博物馆和著名的海神喷泉，而南边的古城却无人问津。当你沿着马尔扎博托的鹅卵石残垣散步时，只有伊特鲁里亚人的鬼魂陪伴你，他们曾经把这座城市称作"凯努阿"[3]。

这里的街道令人联想到更加著名的古罗马城市庞贝与赫库兰尼姆，那两处遗址由于维苏威火山的爆发而保存完好。路面上印着车辙，位于中心的主干道还使用了标志性的垫脚石，既能让行人安全地过街，又不影响马车通行。这些城市生活的特征比南边的著名遗迹要古老得多。不过，在马尔扎博托，是侵略而非火山的爆发导致一座蓬勃发展的城市化为废墟。公元前 4 世纪中期，此地遭到高卢人的洗劫，从而定格成一幅缩影，让我们有机会了解长达百年的伊特鲁里亚城市生活[4]。这座特殊的城镇初建于公元前 5 世纪，属于殖民地。它出现在一个自信而繁荣的时期，伊特鲁里亚人的势力正在向南北扩张。因此，它是一座新城镇，根据理想的规划设计而成：马尔扎博托让我们知道了完美的伊特鲁里亚城市应该是什么样子。它采用网格布局，避免了许多中世纪城市常见的拥挤街巷。房屋和道路构成整齐的街区，就像后来的古罗马城镇一样[5]。

马尔扎博托的挖掘者不知疲倦地探索着这些街区，即所谓的

"因苏拉"[1]。次干道隔开的每个矩形街区约为 250 米 × 30 米，导致建筑用地显得又细又长。所有街区都从一条贯穿南北的中心道路向外延伸，还有三条主干道与其交叉。这四条主干道都是宽 15 米的通衢，完全可以充当一座繁忙城市的主动脉。在设计和规划方面，马尔扎博托与其他伊特鲁里亚殖民地（如亚得里亚海边的斯皮纳）有许多相似之处。马尔扎博托的私人住宅整齐有序，而且现代游客依然可以看到它们。房屋的轮廓随着地基幸存下来，你能够分辨出墙壁和房间的布局，体会到穿过每栋建筑的感受。墙壁本身只剩底部，而屋顶也早已坍塌。后者的残余物是鲜艳的赤陶碎片，有着独特的形状和棱角。这里的屋瓦结构跟奇维塔特山丘以及古代世界的其他地方一样：两块状似长烤盘的矩形瓦片并排，中间覆盖着一根半圆柱形的管子，开口的底部遮住连接处。当你在街上漫步时，如果仔细观察，依然可以发现这些屋瓦的碎片，它们是伊特鲁里亚人在此居住的普遍证明。尽管寻找残余的瓦片很好玩，但是房子里那些不太明显的遗迹更有趣。

例如，在因苏拉二号区域，考古队挖掘出一栋建筑的遗迹，并满怀热情地公布了详细情况 6。这栋建筑的外形与古城里的其他房屋颇为相似，而设计风格则更接近后来的古罗马建筑。庭院中有一

---

[1] 因苏拉（insula）：拉丁语，本意为"岛"，在古罗马建筑中指街区或一种公寓，这里指街区。

图 36　伊特鲁里亚城镇马尔扎博托的遗迹

个优美的露天花园，看起来很像著名的古罗马列柱围廊[7]。然而，花园中央并没有水池，马尔扎博托的伊特鲁里亚居民多数都拥有自己的水井，可以在家里舒舒服服地喝到新鲜的饮用水[8]。庭院四周环绕着一圈房间，有些是公共的，有些是私人的。靠近街道的房间里散落着与金属加工和陶器制造有关的残渣碎片，表明这是工作场所。建筑后部是住宿空间，大概仅供家人和受邀的客人使用。每栋房子都有独立的供水系统，还有疏导雨水的赤陶管道，马尔扎博托的居民享受着最先进的室内和室外设计。

这些房屋的大小和格局都很有规律，极少出现像奇维塔特山丘那样明显的社会不平等迹象。我们可能会把这里的居住者称为"公民"，因为他们都拥有同一种稳固的地位，在自己的小城镇里过着相似的生活。我们可能会想起现代的欧美郊区——草坪完美无瑕，房屋整齐划一。这明显不符合人们心目中的伊特鲁里亚谜团。马尔扎博托的居民以其看似小资的生活挑战了失落文明的刻板印象，揭开了伊特鲁里亚人的神秘面纱。在很大程度上，他们是可知的。这座城镇还有更多熟悉的因素，包括一个宗教场所，其外形是一座大型神庙，里面供奉着提尼亚，那是伊特鲁里亚的众神之王，相当于古希腊的宙斯[9]。最近，这片神庙建筑群的一些新建筑出土了，其中有一栋建筑似乎是宝库，还有一栋建筑可能是举办节日宴会的正式餐厅，被称作"艾斯蒂亚托瑞奥"（hestiatorion）[10]。这座神庙完美地嵌入了城市的街区中，跟希腊殖民者在新城镇建造的神庙不同，伊特鲁里亚人显然希望他们的宗教场所能够成为城镇的一部分。神庙周围的区域看起来很像用于集会的公共空间，这是城市的一个关键特征。我们无法确定政治辩论是否在这里进行，如同在古罗马广场或雅典阿哥拉一样。但是，如果马尔扎博托的居民需要聚到一起商讨事务并做出决定，那么这是一个非常合理的场所。

马尔扎博托的完美令人费解。考古学家从河里发现了一块圆石，上面标记着十字符号，与主干道底下的方位基点保持一致，体现了建设规划的严谨程度。有一种观点认为马尔扎博托的整体布局符合宗教理想中的城市，其方位安排遵循了祭司设计的蓝图[11]。尽管在井然有序的城市出现之前，这里曾经有一个盖满棚屋的小型聚居地[12]，但是在公元前 5 世纪，马尔扎博托发生了天翻地覆的变化，彻底摆脱了过去的影子。就连这座城市的名字也可能意味着它是一个新事物，一些考古学家相信"凯努阿"（Kainua）与希腊词语"凯诺斯"（kainos）有关，后者的含义是"新"，因此马尔扎博托的古代名字便相当于"新城"[13]。其他殖民地保留了同样的规划理念和大小相似的住宅；不过，这是伊特鲁里亚城市的典型特征吗？我们在什么情况下可以把伊特鲁里亚集镇当作城市呢？

这个问题非常重要，因为它决定着我们对文明的定义："城市"（civis）一词就包含在"文明"（civilization）之中。如果伊特鲁里亚人有城市，那么在我们看来，他们就能跟古希腊竞争者和古罗马继任者相提并论了。对于古典时期的希腊人而言，城市生活是他们自我认同感的核心。在马尔扎博托建立五十年后，柏拉图写下了他的代表作《理想国》（约公元前 360 年），花费大量篇幅设计了理想的城市。实际上，这部作品原本的希腊语标题"Politeia"正是源于"城邦"（polis）。柏拉图借老师苏格拉底之口，讲述了城市的形成。他认为，一切开始于分工，也就是人们都做自己擅长的事情。随着不同的个体互相服务，社会逐渐发展，最终需要一种特殊的人负责组织和调停，防止争端并维护和平。他们便是军人和统治者，前者通过暴力来保障权力，而后者则借助有效决策来获得尊重。有了这些特殊的"保卫者"管理城市，其他人就能继续做"自己的事情"，而不会沦为"好事者"[14]。柏拉图在此基础上更进一步，描绘了一个极端的社会，为了避免不公平，儿童必须在其原生家庭之外被抚养长大，并由统治者决定哪一对男女可以结婚。这种令人不安的设想已经远离了《理想国》的原始观点，颠覆了之前那种更加务实的设想，即每个人都不受干扰地处理自己的事情。于是，最初的城市定义变成了反乌托邦式的噩梦。

亚里士多德也在公元前 4 世纪探讨了城市的构成问题。他并没有呈现一场哲学家之间的辩论，而是选择了批评一个实干家的作品，此人也许是第一位专业的城市规划师[15]。希波达莫斯出生在米利都，那是一座古希腊城市，位于今天的土耳其海岸。在波斯人入侵之前，米利都曾是古希腊世界最受尊重（且最为富有）的城市之一。公元前 499 年，为了惩罚当地人的起义，波斯军队严重地破坏了米利都。在这座城市逐渐恢复的过程中，希波达莫斯作为建筑师，积极地参与了它的重新设计。后来，他又在雅典的比雷埃夫斯港口和意大利地区工作过。他的主要原则就是把城市分成三种空间：公共空间、私人空间和宗教空间[16]。正是希波达莫斯提出了网格布局的概念，将上述三种空间融为一个和谐的整体。跟柏拉图一样，希波达莫斯也明确规定了完美的城邦应该包含哪几类公民：军人、工匠和农民。生性多疑的亚里士多德表示反对，他认为这些任务必须由城市里的所有居民（所有男性居民）来完成，以免军人遭到权力腐蚀，实行暴力统治。由此引申，亚里士多德也批评了柏拉图对分工的偏爱：他的哲学家监护者与希波达莫斯的武装守卫一样不可取。而且，亚里士多德还忍不住对希波达莫斯的外貌评头论足，形容他"留着长发，戴着昂贵的饰品，无论冬夏，身上总是穿着同一套廉价的厚衣服"[17]。

　　听起来，他似乎是一位非常古怪的建筑师。然而，希波达莫斯式的城市规划（乃至政府理念）一直延续到今天，体现在米尔顿凯恩斯[1]的无数环岛和纽约精心设计的网格布局中。它明显影响了许多古罗马城市，还有从叙利亚沙漠到哈德良长城的堡垒。古罗马人对希波达莫斯原则的采用使这种城市形态广泛传播，而他们的语

---

[1]　米尔顿凯恩斯（Milton Keynes）：英国英格兰白金汉郡的一座新城镇，位于伦敦西北约 50 千米处。

言也为我们提供了表达城市的词语。英语的"city"、法语的"cité"和意大利语的"città"都源于拉丁语"civis"（奇维斯）以及与之相关的"civitas"（奇维塔斯）。这两个词语非常重要，因为它们把生活在一个地方的人与那个地方本身联系了起来。"奇维斯"最好被翻译成"市民"[1]，即住在城市里的人。而另一个词语"奇维塔斯"则使古罗马市民的地位超越了附近的撒姆尼人或高卢人。"奇维塔斯"是法律，也是把人们团结起来的政府制度。在许多方面，它就像柏拉图笔下"保卫者"的意识形态化身，通过在物理界限内划定行为界限，使社会群体免受外人和同胞的侵害。

然而，跟柏拉图所设想的哲学家监护者不同，"奇维塔斯"将一座城市的所有自由居民都视为他们自身的保护者。他们对和平的渴望统一了不同个体和家庭的利益。实际上，根据传说，这个词语正是源于两个意大利民族（萨宾人与罗马人）的融合[18]。因此，"奇维塔斯"是所有市民之间的一种契约。它规定了全体社会成员对彼此的义务，以及他们获得保护的权利。在古罗马，就像在某个短暂时期的古雅典一样，法律的实施由民选官员来完成。从地方立法者到最高执政官，不同级别的行政官员拥有不同程度的权力[19]。去世于公元前1世纪中期的古罗马演说家西塞罗曾当选为执政官，他详

---

[1] 市民（citizen）：实际上也有公民的含义，因为古代的城邦既是城市，也是国家。

细地描述了"奇维塔斯"应该如何发挥作用[20]。它应该平衡民众与富人的各种力量。它应该是独立而公正的，不会偏袒任何一个群体。它应该把外人无法享受的权利赋予每个市民，从出生的那一刻开始，直到死亡或流放才结束。它是行为的终极标准。它使城市生活变得更有价值。

因此，从古希腊和古罗马的文献中，我们可以总结出城市定义的两个重要方面。它们与马尔扎博托和其他伊特鲁里亚集镇的考古证据有着怎样的关系呢？第一个方面来自柏拉图和希波达莫斯（尤其是后者），关注的重点是空间。我们能在伊特鲁里亚集镇中找到那三种关键的空间，并因此把这些集镇视为城市吗？在马尔扎博托肯定是可以的。人们的房屋排列得整整齐齐，神庙提供了举行宗教仪式的场所，周围的区域看起来很像民众集会的地方。值得注意的是，当希波达莫斯还在希腊工作时，这座位于亚平宁山脉边缘的集镇就已经采用了同样的规划原则。而且，那些不同类型的空间也并非马尔扎博托所独有。塔尔奎尼亚的考古挖掘显示，有一座神庙在聚居地发展的最初阶段便建成了。另一处南边的遗址圣吉奥瓦内在公元前6世纪就出现了宅院的原型，还带有精心打造的水井和水箱。实际上，阿夸罗萨附近的遗址保留了几何式城镇规划的证据，肯定早于希波达莫斯的"发明"[21]。在幸存的聚居地遗址中，马尔扎博托是比较罕见的例子，但并非独一无二。所谓公共空间、私人空间和宗教空间，可以说都得到落实。至少按照这个标准，我们必须承认伊特鲁里亚集镇是城市。

问题在于构成城市定义的第二个部分：正式的社会契约，就像"奇维塔斯"一样。任何社会都有规则，否则就无法正常运行。然而，市民社会使每个成员都能参与城市管理并获得权利和义务，这种特殊现象在考古学记录中非常少见。马尔扎博托的街道和空间井然有序，暗示着某种市政权力的存在，但是我们能找到正式的契约吗？最好的办法大概是从侧面来看待这个问题："奇维塔斯"式的城市管理有什么标志呢？古罗马模式的一个重要特征就是民选官员的设立，这一点或许可以在伊特鲁里亚找到。有些艺术作品描绘的人物手里拿着一种顶部弯曲的特殊权杖，即所谓的"礼图斯"（lituus），那正是后来官员权力的象征。不过，这也可能意味着简单粗暴的封建统治，而并非代表人民行使权力[22]。

在伊特鲁里亚语中，表示行政官员的词是"兹拉斯"（zilath）。我们发现这个词被刻在鲁别拉遗址的墓碑上，位于马尔扎博托的北边，其年代可以追溯到公元前7世纪末[23]。所以，当伊特鲁里亚聚居地逐渐扩大，达到符合城市外观定义的规模时，行政官员的职位就出现了。直到公元前3世纪，墓碑上还在使用这个词，体现了该职位的长久以及它对伊特鲁里亚社会结构的重要性。其他铭文则提供了更多的信息：南边的切尔韦泰里出土了一枚青铜砝码，上面刻着一位行政官员的名字，暗示这些人在他们自己的城市里掌管度量衡，以确保贸易的公平 24。据另一段刻在路上 [1] 的铭文记载，有一位名叫拉尔斯·拉皮凯恩斯的"玛伦"（marun，即一种专门的行政官员）曾负责监督那条路的建设 25。因此，随着集镇不断扩大，至少从公元前 5 世纪初开始，政府管理的公共工程和行政官员的角色分工便出现了。"玛伦"和尚未得到翻译的"艾特劳"（eterau）描述了你面对的究竟是哪一种"兹拉斯"。我们不可能把极具古罗马特色的"奇维塔斯"概念照搬到伊特鲁里亚人的集镇生活中。但是，如果说这里没有一种类似的市民协议和选官制度，似乎也不太可能。

古希腊和古罗马的城市定义是精心设计的结果，一部分源于现实，一部分源于理想，既赞美现状，又寻求发展。柏拉图和西塞罗都相信他们自己的社会政治体系非常优秀，也相信它们有潜力变得更好。这些作家为"什么是城市"的讨论奠定了基调，并根据雅典和罗马的形象提出了城市的概念。按照定义，任何由外来文化建造和管理的城市都不可能属于这种模式。然而，就像我们看到的，在马尔扎博托和其他地方，有大量证据表明这种城市生活在伊特鲁里亚颇为常见：实际上，它是伊特鲁里亚人身份的核心。正如"兹

---

[1]　此处原文表述为"cut into a road"，故译为"刻在路上"，经查证，也有学者表述为"cut into the side of the road"，即"刻在路边"。

拉斯"展现了一个复杂的官僚、司法和公共建设体系，"拉森纳"（Rasenna）也提供了一种新思路，告诉我们何为伊特鲁里亚人。这个词可以缩写成"拉什纳"（Rasna 或 Raśna），伊特鲁里亚人用它来描述自己，指称内部人士，即他们社会的成员。"拉森纳"或"拉什纳"是什么意思呢？其意乃是"城市的居民"[26]。

因此，从伊特鲁里亚人的自我评价来看，他们非常看重对城市生活的投入，甚至以此定义了整个民族的存在。我们还能由此了解他们的价值观、他们的喜好以及他们想拥有的体验。到了古风时代末期，经历过兴衰之后，马尔扎博托等城市的生活显然成了伊特鲁里亚人的常态，为他们带来了安全、保障与繁荣。理想化的设计方案展现了伊特鲁里亚人的势力和财富——他们拥有充足的资源，能够建起一座崭新的城市，还让里面住满人，所有居民都平等地享受同样的生活方式。这种生活方式跟短短几百年前的农村生活截然不同，并且远离了奇维塔特山丘那片失衡的乡间豪宅。

请想象一下城市生活与农村生活的巨大差异：大人们有说有笑地穿过街道，孩子们发出刺耳的尖叫声和咯咯的笑声；夜晚的醉汉，白天的商贩，随时吵架的邻居；集体生活不可避免的味道——既有垃圾和人类排泄物的恶臭，也有饭菜的诱人香气和精油在皮肤上散发的芬芳；与多人共享空间的安全感；合力修建新路的满足感；无能官员带来的失望感；还有成就每一个伊特鲁里亚人的小小辩论和

胜利。如果要体验这样的生活，最好的办法就是沿着
马尔扎博托的主干道走一走。

在马尔扎博托后来的历史上，有一个黑暗的篇章
提醒着我们，当国家权力与人民敌对时，当城市生活
和保卫者的理念变得邪恶时，会发生什么事情。在第
二次世界大战期间，这片宁静的地方见证了意大利境
内最残忍的暴行之一。马尔扎博托的周边地区有许多
高山，并且靠近主要城市博洛尼亚，因此游击行动颇
为常见。当地人基本都支持正在发展的抵抗组织[1]，而
后者也变得越来越大胆。他们的目标是博洛尼亚的法
西斯要员，其中包括一位研究伊特鲁里亚的专家，即
佩里克莱·杜卡迪（1880—1944）。杜卡迪非常乐意
把伊特鲁里亚人纳入墨索里尼重新构建的意大利历史
中，他坚信伊特鲁里亚文化的辉煌反映了意大利人
与生俱来的天赋[27]。杜卡迪对伊特鲁里亚文化的畸形

图 37　青铜香水长柄勺，可能属于一位公元前 4 世纪的男性或
女性。这件物品并非出土于马尔扎博托，只是用来提醒我们注意
香水在伊特鲁里亚世界中的重要性

———————

[1]　抵抗组织（Resistance）：指第二次世界大战期间抵抗法西斯主义的欧洲组织。

迷恋为他赢得了考古学界的奖项，还有著名法西斯政治家的地位。1925 年，他签署了臭名昭著的《法西斯知识分子宣言》，到了 20 世纪 40 年代，他不仅是博洛尼亚市立博物馆的馆长，而且作为法西

图 38　伊特鲁里亚晚期的带盖水桶——同样地，这个水桶并非出土于马尔扎博托，但它可能是一件非常重要的个人物品

斯政府的捍卫者当上了法官。正是这种致命的身份组合害死了他。

1944 年 2 月 16 日的早晨，杜卡迪在离家上班时被游击队员开枪打中。他们骑着自行车逃跑，消失在城市的街巷里。据说杜卡迪被选作攻击目标是因为他看起来地位很高，而且作为一名法官，他审判了不少为意大利自由而斗争的游击队员。在墨索里尼倒台后，博洛尼亚位于德国控制的意大利北部，而杜卡迪则继续担任法官，充当纳粹的傀儡，把自己的同胞交给残暴的占领国处置。那两个单车刺客想替惨死的战友们报仇。他们的大胆袭击使杜卡迪身受重伤，经过数月的折磨，他在同年的 10 月去世了。1944 年的夏末和秋季发生了许多类似的暗杀事件，当地的纳粹党卫军长官沃尔特·雷德尔决定采取行动。

从 9 月 29 日到 10 月 5 日，雷德尔率领部下进入马尔扎博托周围的山区，即今天的蒙特索莱纪念公园。他们把男人、女人和孩子都集中到一起，展开了一场有组织的屠杀，最终无一人幸免：有 45 名受害者是未满两岁的婴儿，还有 205 个未满十六岁的孩子惨遭杀害。镇上有一位神父名叫乔瓦尼·佛纳西尼，他设法救走了教区里的许多居民，但是他本人却牺牲了。至今，我们依然不清楚罹难者的总数是多少。通常认为有 770 人在马尔扎博托被杀害，而附近的蒙祖诺和格里扎纳莫兰迪也有居民遇害[28]。这场大屠杀是欧洲第二次世界大战史上最极端的罪行之一，它的阴影一直笼罩着马尔扎博托。当地的博物馆被炸弹和炮火严重摧毁，展品也烧焦或损坏了[29]。这座城镇是伊特鲁里亚人开辟的山中家园，然而无论过去还是现在，它都没能保护居民免受暴力的侵害。城镇的作用是保护和供养一个群体。国家的作用是照顾好自己的公民，平等而公正地对待他们。当二者失去作用时，人民就会遭殃。伊特鲁里亚人似乎已经意识到了，城市生活是有社会代价的，而今天依然如此。

第八章

性爱、谎言与伊特鲁里亚人

在位于内陆的翁布里亚深处，有一片露出地面的垂直岩层，上面矗立着一座石墙环绕的城镇：奥尔维耶托。在市中心的广场上，有一座壮观的中世纪教堂，金色的正面在太阳底下闪闪发亮，把光线反射到一座纪念当地古代居民的博物馆里。克劳迪奥·法伊纳博物馆收藏了许多伊特鲁里亚珍宝，其中包括一尊很不寻常的雕像。这尊雕像刻画了一个全裸的女人，她的一条胳膊弯向耻骨，而另一条胳膊和左胸已经不见了，首饰也是一样，只有残留的刻痕能证明它们的存在，比如耳朵上的洞，还有为带状头饰而削减的头发。在我们看来，一尊裸体的女性雕像似乎并不奇怪，大家早就习惯了。然而，这尊雕像非常独特。它是由希腊岛屿所产的大理石制成的，但是目前为止，尚未发现任何同时期的希腊雕像展示如此一丝不挂的女人[1]。

这尊雕像原本是爱琴海岛屿上的一块大理石[2]，在最终定型之前经历了剧烈的变化。起初，它似乎是按照著名的"库罗斯"[1]风格，被雕刻成古希腊世界随处可见的裸体男性青年。然而后来，所有男性器官都被小心地移除了，女性的阴部被勾勒出来，两个崭新的乳房被添加到躯干上，并且采用了同样的大理石材料。人物的脸型还是很像其他的"库罗斯"，不过嘴唇更加饱满，眼睛也显得更大。

---

[1] 库罗斯（kouros）：希腊语，本意为"年轻的男性"，现在指刻画全裸男性青年的古希腊立像。下文提到的"考丽"（kore）是与之对应的女性雕像。

图 39　"凯尼塞拉的维纳斯"，出土于奥尔维耶托

对于希腊工匠来说，塑造这尊雕像肯定是一次怪异而难受的体验。虽然男性的"库罗斯"经常轻松地裸着身体，但与之对应的女性"考丽"却总是穿着衣服，无一例外。这尊女性雕像是专门给伊特鲁里亚受众制作的，他们喜欢裸体雕像，而且显然愿意为此花钱——一尊定制的大理石雕像，高度将近一米，价格肯定不便宜。或许这尊雕像就是在离开希腊的途中损坏的：它在古代曾得到过修复，尤其是幸存的乳房和双腿[3]。

抵达奥尔维耶托以后，这尊雕像在城外找到了归宿，那里似乎是一片宗教建筑群。在奥尔维耶托的缆车站旁边，有保存最完好的伊特鲁里亚神庙之一——观景神庙，不过这尊雕像被安置在凯尼塞拉圣殿及其墓地所属的区域，也就是城南的悬崖底下。大理石上的风化痕迹表明，这具女性的身体并未藏于室内，而是露天展览，承受着日晒雨淋，暴露在每一个墓地访客的视线中[4]。考古人员对圣殿和墓地的遗址进行了广泛挖掘，这尊雕像就是从现场出土的，它在两栋建筑外面，靠近一个圆形的水池和一座附设的祭坛[5]。凯尼塞拉圣殿落成于公元前6世纪末，而雕像的抵达时间大约是公元前520年或稍晚一些。公元前4世纪的扩建使宗教区域超出了原始范围，人们牺牲了较早的坟墓，增加了举行仪式的空间。直到进入古罗马时期，这里还是经常使用的场所，因此黄金首饰的消失不足为奇。雕像本身能够在原地幸存下来，已经非常难得了。它被称作"凯尼塞拉的维纳斯"，这个名字取自其出土的墓地和古罗马的欲望女神，两者并不容易结合在一起：为什么一位代表爱与性的神明会跟亡者作伴？从性的角度来看待这尊裸体雕像是否合适？为什么伊特鲁里亚社会允许人们观看一丝不挂的女性身体呢？

这绝非我们在伊特鲁里亚墓地发现的最惊人的女性身体。在塔尔奎尼亚，游客们可以深入地下，参观令人更加震撼和不安的景象。这一回，它们被画在坟墓里的墙壁上，似乎远离了人们的视线。然而，那些坟墓及其内部的壁画肯定迎接过许多哀悼者。沿着他们的足迹，走进一座特殊的坟墓，黑暗中隐约浮现出一幅壁画，让人感到很不舒服。一个女人弯着腰，站在两个男人之间，一人与她口交，一人与她阴交，而且两人都在打她，这座坟墓因此得名"鞭笞之墓"。不过，壁画上并非只有三个人，他们旁边还有三个人，依然是一个女人站在两个男人之间。类似的性爱壁画也出现在了其他伊特鲁里亚坟墓里，有一座就位于这片墓地中。"公牛之墓"是此处最古老的彩绘坟墓之一，内壁上画着许多人用各种姿势交媾的场面。显然，有些是两个男人，而有些是一男一女，其中也包括一个三人组。"比格斯之墓"的壁画同样描绘了男性做爱的场面，而且有两个人似乎正在看台底下缠绵[6]。

考虑到伊特鲁里亚坟墓展示性行为的做法，认为凯尼塞拉的雕像与性有关，这或许是在所难免的吧？看起来，那无疑符合伊特鲁里亚传说的一个方面。这种传说在伊特鲁里亚遗址的博物馆纪念品商店体现得尤为明显：在塔尔奎尼亚和奥尔维耶托，游客们可以买到男性生殖器形状的钥匙扣和介绍伊特鲁里亚色情文化的手册。对于伊特鲁里亚人性生活的调侃忽略了一个问题，即那些露骨的图像乃是较为罕见的，而且也掩盖了另一个事实：它们同受人尊敬的死者共处一室。我们是如何把表现色情暴力的壁画，以及一尊美丽独特的雕像变成了暗示"滥交派对"[1]的低俗玩笑呢？

这种令人反感的伊特鲁里亚传说源于古典文献，其中最恶毒的叙述出现在公元前4世纪，来自希俄斯岛的塞奥彭普斯：

> 共妻是一项根深蒂固的伊特鲁里亚习俗。伊特鲁里亚女人很注意保养身体，而且经常锻炼，有时与男人一起，有时则独自运动。对于她们来说，赤身裸体并不值得羞愧。她们不会和自己的丈夫共用一张躺椅，而是与碰巧在场的其他男人同坐，她们可以随意向任何人敬酒。她们的酒量很好，模样也非常妩媚。

> 伊特鲁里亚人会抚养所有出生的孩子，但不知道他们的父

---

[1] 滥交派对（bunga bunga）：意大利网络流行语，最初被用来指代意大利前总理西尔维奥·贝卢斯科尼举办的性爱派对。

亲是谁。孩子们延续了父辈的生活方式，经常参加宴会，并且跟所有女人发生性关系。他们认为当众做任何事情都不可耻，因为这是一种世代相传的习俗……

他们与妓女或家人发生性关系的做法如下：他们喝完酒以后，准备上床睡觉，灯光还亮着，仆人便带来了妓女、少年乃至他们的妻子……有时候，他们会在别人的注视下交媾，不过大多数时候，他们会在卧榻周围摆好树枝编成的屏风，把衣服扔到上面。

他们很愿意跟女人做爱，但是他们更喜欢年轻的男人。伊特鲁里亚的男性青年非常漂亮，因为他们过着奢侈的生活，而且保持皮肤的光滑。实际上，西方的所有野蛮人都会用沥青和剃刀来去除体毛。[7]

初读之下，我们可能会把塞奥彭普斯所说的情况与塔尔奎尼亚的壁画和奥尔维耶托的性爱女神联系起来。在壁画中同时呈现性爱场面和正式宴会的做法显然符合他的叙述，人们对于公开性行为的包容亦是如此：既然"当众做任何事情都不可耻"，那么我们可以认为，在墙上展示任何东西也同样不可耻。而且，壁画中描绘的许多伊特鲁里亚狂欢者都缺乏体毛，或许这就是沥青脱毛的结果。如果塞奥彭普斯在这一细节上是正确的，那么我们能否接受他对于伊特鲁里亚性习俗的整体叙述，进而把"凯尼塞拉的维纳斯"和"鞭笞之墓"的壁画归结为一种放荡的生活方式呢？若要判断塞奥彭普斯的叙述是否真实，我们必须了解他的人生经历和这份文本的流传过程。

塞奥彭普斯在希俄斯岛度过了童年，随后前往雅典。不久，他随父亲一起被流放了，因为他的父亲在伯罗奔尼撒战争（公元前431—前404）结束后拥护斯巴达阵营。塞奥彭普斯逐渐成长为杰出的演说家和历史学家，先后得到了亚历山大大帝和托勒密一世的支持，最终在埃及去世[8]。正是在这里，出生于瑙克拉提斯的古希腊—埃及作家阿特纳奥斯描述了他理想中的晚宴，列举了他所欣赏的思想家（其中就包括塞奥彭普斯），并精心挑选他们的文本，汇编成十五卷对话录。阿特纳奥斯的作品《智者之宴》撰写于公元前3世纪初，因此，这些故事的年代跨度是一个严重的问题。我们可以回想一下，从20世纪初到21世纪初，欧美文化对待同性婚姻、婚外性行为、离婚和堕胎等问题的态度发生了怎样巨大的变化。

除了塞奥彭普斯的幸存文本与其描述的伊特鲁里亚人之间的年代差距，还有无法忽视的地理差距。我们甚至不清楚塞奥彭普斯是否去过意大利，他的叙述几乎就是一套诋毁野蛮民族的标准说辞[9]。古希腊人经常用体毛稀少和阴柔娇弱来批评东方的敌人，即吕底亚人和后来的波斯人[10]。在有关这些民族的文献和图像中，男人总是

图 40　伊特鲁里亚陶器上的黑白人物图案永远保留了伊特鲁里亚人沉溺于性爱的
传说

穿着宽松的裤子，戴着奇特的头盔，皮肤非常光滑。他们被描绘成具有威胁性的小丑：其保养身体的方式明显缺乏阳刚之气，导致他们显得古怪、陌生而危险。把同样的特征安在伊特鲁里亚人身上，似乎更像是古希腊人的偏见，而非文化现实。古希腊人还指责波斯敌人任用阉人和发展男人之间的性关系——在雅典，只有年轻男子与其年长爱慕者之间的特殊关系才能被视为正常现象。阿特纳奥斯的宴会对话录引用了塞奥彭普斯抨击伊特鲁里亚人的长篇大论，而就在同一卷中，本都的赫拉克利德斯也发表了观点，他是公元前 4 世纪的一位历史学家。作为一个生活在阿契美尼德帝国[1]的希腊人，他从自己的视角出发，撰写了一部充满偏见的波斯史。赫拉克利德斯生动而细致地描述了波斯国王的性生活，据说他们白天一直睡觉，到了晚上就欣赏音乐，跟妃嫔们彻夜狂欢 11。有这么一群堕落的懒人当统治者，谁还会尊重波斯帝国呢？

在塞奥彭普斯介绍伊特鲁里亚性习俗的话语中，也隐藏着相似的信息。他想表达的意思是，伊特鲁里亚人的性爱观使他们变成了一个理应被征服的民族。波斯国王通宵玩乐，忽视政务，因此不配在战争中取得胜利，而伊特鲁里亚人也一样，他们没有资格掌管自己的土地。我们再看一遍这份文本：在伊特鲁里亚人的丑陋行为中，

---

[1] 阿契美尼德帝国（Achaemenid Empire）：波斯第一帝国，存在于公元前 550—前 330 年。

最令人震惊的就是连"他们的妻子"也参与了性爱游戏，还可以向她们喜欢的任何男人"敬酒"（这是一种委婉的说法）。结果是什么呢？所有出生的孩子都被平等地抚养成人，不管他们长得多么像朋友或邻居。因此，从一种敌对（且父权）的观点来看，伊特鲁里亚的孩子不可能都是他们父亲的真正继承人。非婚生育的阴影笼罩着整个民族。从这个角度来说，所有的伊特鲁里亚地主，无论如何炫耀自己的财富和特权，都只是私生子而已，跟贫民区的妓生子差不多，希腊人完全可以轻蔑地对待他们；而且，伊特鲁里亚人的土地未必是他们的合法财产，任何希腊人都有权争夺这些土地。

而且，塞奥彭普斯对于各种形式的肉体享乐几乎都不赞成，大多数人肯定不会邀请他参加自己理想中的晚宴。伟大的苏格拉底去世以后，混乱而激烈的争论填补了雅典的空白，塞奥彭普斯在这种环境中学习，最终变成了一个坚定的享乐主义反对者。享乐主义学派认为，追求愉悦是人生的唯一真实宗旨，享乐是活着的唯一内在目标。这个观点的提出者是哲学家亚里斯提卜（公元前435—前356），他来自昔兰尼，即今天的利比亚。亚里斯提卜本能地反对苏格拉底的道德人生观，尽管他当初是专程来雅典向这位伟人学习的。亚里斯提卜对苏格拉底理论的强烈抵触很可能源于他和偶像相处的时光：他的老师虽然非常高尚，却并没有好下场，亚里斯提卜见证了苏格拉底的陨落，所以决定及时行乐。苏格拉底学说的其他继承者都厌恶亚里斯提卜的态度，而年轻的塞奥彭普斯就在这群古板的思想家中。亚里斯提卜遭到的指责主要是抨击他的性生活：他跟一位美丽的"赫泰拉"（hetaera，意为"伴侣"，不过指的是一种多才多艺的职业妓女）同居了，对方名叫拉伊斯。在那个充斥着性爱争论、享乐怀疑和恶意诽谤的环境中，塞奥彭普斯很难不受影响 12。因此，这份关于伊特鲁里亚性习俗的著名叙述，其背后实际上存在着种种问题。

从这个角度来看，塞奥彭普斯的著作明显带有偏见。或许它的确反映了伊特鲁里亚人行为的某些细小方面，比如女性参加宴会的现象已经得到了考古学记录的证实。然而，我们无从得知在这样的晚宴结束以后，夫妻、朋友或主仆之间会发生什么；当然，我们也没有办法证明塞奥彭普斯是错误的。古罗马文学描述了行为不端的伊特鲁里亚贵族女性和强占他人之妻的伊特鲁里亚王子，当我们把那些故事跟古希腊文献放在一起时，相对模糊的考古学记录提供了想象的空间。除了古代文本之外，个人的喜好和观念也会影响我们的诠释。在 18 世纪，温克尔曼批评伊特鲁里亚艺术的理由之一就是强烈的性暗示降低了作品的格调。膨胀的肌肉、醒目的女人、夸张的眼睛和嘴唇——他认为这些特征体现了一种鲜明的情欲，破坏了伊特鲁里亚艺术的成就。

伊特鲁里亚人的性爱道德观虽然令温克尔曼感到厌恶，却吸引了另一位热爱享乐的艺术家。关于伊特鲁里亚人的流行看法恐怕大部分都源自这位艺术家，至少在英国如此。他还带来了风靡全世界的文学作品和一个具有里程碑意义的法庭判例[1]。戴维·赫伯特·劳伦斯出生于 1885 年，父亲是煤矿工人，母亲曾当过教师。在母亲的培养下，年少的劳伦斯赢得了中学的奖学金，最终也成了一名教师。他与女性的密切交往为他的文学创作提供了灵感：有一位女性朋友把自己的日记借给了他；他向一个童年好友求婚，结果又抛弃了她；在母亲死后，他陷入了深切的悲痛之中 13。不过，在1912 年，他遇到了一生的挚爱，可惜她已经结婚了。

　　我们可以从照片上感受弗瑞达·维克利的美丽，她五官端正，头发浓密，有一双睿智的大眼睛。她比劳伦斯大六岁，当她跟这位年轻的作家私奔时，她已经有三个孩子了。两人逃往弗瑞达的故乡德国，随后一路向南，首次来到意大利。劳伦斯将一次又一次地重返这个国家，探索不同的地区，包括托斯卡纳的海岸、西西里岛的陶尔米纳以及阿布鲁佐的高山。在此期间，他一直过着动荡不安的生活；上流社会无法接受他和弗瑞达的关系，而第一次世界大战的英德矛盾则让他们的处境变得更加艰难。1925 年，劳伦斯搬回托斯卡纳，住在佛罗伦萨附近的一栋别墅里。正是在那儿，他写下了自

---

[1]　一个具有里程碑意义的法庭判例：指 1960 年企鹅出版社因出版未删节的《查泰莱夫人的情人》而遭到起诉，最终被宣判无罪。

己最具争议的作品——《查泰莱夫人的情人》，这本书最初是在佛罗伦萨以私人名义出版的。

1927年春，即《查泰莱夫人的情人》出版的前一年，劳伦斯南下游览了伊特鲁里亚的著名遗址，其中就包括塔尔奎尼亚。那些废弃的遗址位于荒郊野外，附近只有陌生而古怪的车站。在当地导游的陪同下，劳伦斯进行了一个月的探索，后来他还用幽默的笔触刻画了这几位导游。他在《伊特鲁里亚遗址概况》[1]（1932年）中讲述了自己的冒险经历，那至今依然是备受读者喜爱的行旅文学作品。劳伦斯以其特有的抒情风格记录了每一次参观，并且把人生哲学融入了描写之中，比如他会这样介绍塔尔奎尼亚棺材上的雕像：

> 如果是一个男人，他的身体刚好暴露到肚脐以下，手里拿着神圣的"帕泰拉"[2]……它代表着宇宙的圆形胚胎……因此，每个男人体内都有生命的核心，从婴儿时期到老年阶段，核心始终如一；那是某种火花，某种不生不灭的基本粒子。[14]

无论是解读雕像的生命意义，还是在公交车上幻想乘客的伊

---

[1] 《伊特鲁里亚遗址概况》（*Sketches of Etruscan Places*）的中译本名为《伊特鲁利亚人的灵魂》，由上海人民出版社于2015年出版。

[2] 帕泰拉（patera）：一种由陶土或金属制成的祭酒浅碗，底部中央有一圆形凹痕。

特鲁里亚血统，劳伦斯都爱上了他心目中的伊特鲁里亚人。在他看来，他们表现出了他所珍视的各种价值观和美德，他们的艺术展示了一个失落的世界，在那里，享受性爱并不是可耻的事情——康斯坦丝[1]也在梅勒斯的怀抱里憧憬着同样的乌托邦世界。直到 20 世纪 60 年代，另一场性爱革命开始时，凯尼塞拉的雕像和鞭笞之墓才被发现，因此我们永远也不知道劳伦斯会如何看待它们。不过，根据他对塔尔奎尼亚壁画的反应，我们可以做出合理的推测。他把"餐厅之墓"重新命名为"盛宴之墓"，并进行了描述：

> 这些壁画多么可爱啊！环绕房间的那群舞者依然色彩鲜艳、栩栩如生……醉酒的女人潇洒地仰起头，伸展修长而有力的手指，显得既狂野又克制，体型魁梧的年轻男子面朝着她，向她抬起舞动的胳膊，两人的拇指差一点儿便互相触碰。[15]

凯尼塞拉雕像的丰满胸脯和优美腰窝很可能会让劳伦斯欣喜若狂——他肯定认为这体现了在死亡的公共空间中探索自愿性行为的意图，因此完全符合他心目中伊特鲁里亚社会健康的开放。在《伊特鲁里亚遗址概况》的行旅文学风格背后，隐藏着一种宣言和警示。

---

[1] 康斯坦丝（Constance）：《查泰莱夫人的情人》中的查泰莱夫人，下文提到的梅勒斯即她的情人。

图 41　公元前 5 世纪的烛台装饰
雕刻了一对正在拥抱的情侣

这本书把伊特鲁里亚生活的自由和美丽（包括被劳伦斯视为性解放的部分）与作者游览的意大利进行了比较。墨索里尼鼓吹他的政权再现了古罗马的辉煌，于是他被描绘成古罗马恶魔的继承人，正如古罗马曾经毁灭了伊特鲁里亚一样，法西斯主义也会撕裂欧洲。劳伦斯鄙视军国主义以及关于古罗马和法西斯主义罗马的宣传；他抛弃了古罗马文献对伊特鲁里亚人的叙述，坚持自己的解释。他相信，通往幸福的道路就是重建伊特鲁里亚价值观，即追求各种形式的享乐。

看起来，这似乎是对塞奥彭普斯的一次猛烈反击。然而，为了让伊特鲁里亚考古学适应自己的理论，劳伦斯承认了伊特鲁里亚人的离经叛道。他在无意中支持了敌对作者的批评和诽谤，因为他并未反驳那些描述，而是重新进行了解释。如果你在英语世界中最积极的拥护者是一个人尽皆知的浪子，那么这对你的名声没有任何好处。在整个 20 世纪，随着鞭笞之墓的发现和其他伊特鲁里亚性爱艺术的鉴赏，塞奥彭普斯的叙述和劳伦斯的重塑已经融入了公众对伊特鲁里亚人的成见之中。人们认为凯尼塞拉的雕像刻画了一位统领臣民的性爱女神，这显然是一种源于自由性爱的解释。

问题在于，凯尼塞拉的雕像和那些色情的坟墓壁画之所以引人注目，恰恰是因为它们非常罕见。伊特鲁里亚的性文化隐藏得很深，跟雅典的情况截然不同。在雅典，尽管塞奥彭普斯及其朋友强烈反对肉体享乐，但是年轻男人与年长男人、丈夫与妻子、妓女与顾客之间的限定关系使性爱规则变得显而易见，并且不可避免地出现在艺术和文学作品中。在伊特鲁里亚，我们不知道哪些关系会得到鼓励，哪些关系会遭到轻视，也不知道性行为准则是否重视个人意愿。这种知识的缺乏创造了一片空白，而塞奥彭普斯、劳伦斯、温克尔曼以及塔尔奎尼亚的纪念品商店则用他们对伊特鲁里亚人性生活的观点填补了那片空白。更何况，游客乐意为性爱故事埋单，尤其是再加上一点儿讨人喜欢的丑闻。伊特鲁里亚神话的这个方面如此强大，甚至新出土的文物都会立刻被归入其中，包括在墓地上发现的一尊美丽的裸体女神雕像。

除此之外，我们还可以怎样解释这尊雕像把性爱与死亡放在一起的古怪意图呢？就凯尼塞拉的雕像而言，后来的考古发现为它的身份增添了一些证据。那座圣殿似乎供奉着一位名叫维伊的女神[16]。伊特鲁里亚的阿佛洛狄忒或维纳斯并不是她，而是图兰。考古队在同一个地方发现了献给她和古希腊女神得墨忒耳[1]的铭文，因此维伊应该与土地的生产和人类的生育有更加密切的关系。这启发我们重新解释墓地上的裸体雕像，不再把过度开放的性文化作为依据。或许我们也可以考虑性爱体验和性高潮的"小死亡"[2]。尽管这个词语是近代才出现的，但我们无法否认性爱的本质是变化。同所有仪式一样，性爱也分前、中、后三个阶段，在此期间会有许多事物发生不可逆转的变化。参与者的身体、他们之间的关系、体液的交换以及孩子诞生的可能性：一切都变了。死亡也是一种身体和关系的变化，也会经历三个阶段，而且同样不可逆转。在举行葬礼时，人们必须克服失去至亲的痛苦，燃起迎接未来的希望，所以正需要一位代表性爱与死亡的女神来抚慰生者的心灵。

---

[1] 得墨忒耳（Demeter）：古希腊女神，掌管土地的生产和人类的生育。

[2] 小死亡（little death）：源于法语，本指意识的短暂丧失或减弱，现指性高潮后接近死亡的感觉。

在这种情况下，凯尼塞拉的雕像不应该是惊人或怪异的，那只是我们自己的观念所带来的认知。在本章中，我们看到了局外人以各种方式重新塑造伊特鲁里亚的性文化，使其符合他们的想法。塞奥彭普斯需要败坏敌对势力的名声；温克尔曼需要说明他为何蔑视曾经备受推崇的伊特鲁里亚艺术；劳伦斯需要把自己的欲望和恐惧灌输到一个失落世界的梦想中；20 世纪 60 年代的伊特鲁里亚研究者需要解释他们的发现，从不断变化的社会中汲取灵感；塔尔奎尼亚和奥尔维耶托博物馆纪念品商店的老板知道活泼的性爱故事会吸引游客。然而，那些游客对书本中的性爱、电影里的性爱和历史上的性爱所抱有的兴趣跟他们对死亡和幻灭的恐惧一样强烈。在我们看来，把这两种巨大的力量放在一起是不协调、不合适的：最好是嘲笑一种，忘记另一种。伊特鲁里亚人接受了性爱与死亡的重要性和关联性，或许在面对两者时，这才是更加健康的反应。

图 42　镜子上描绘了帕里斯[1]、海伦、阿喀琉斯和克律塞伊丝，旁边写着他们的伊特鲁里亚名字，年代约为公元前 3 世纪

---

[1]　帕里斯（Paris）：荷马史诗《伊利亚特》中的特洛伊王子，与下文提到的海伦、阿喀琉斯和克律塞伊丝都是古希腊神话人物。

第九章

裹尸的文字

当你拿起这本书，翻到这一页时，你正在运用一项非凡的技巧。这项技巧诞生的时间相对较晚，并且调动了人脑最强大的几种能力。你可以看到这些黑白打印的形状，把它们串联起来。它们构成文字，文字传递思想。而我可以通过这些文字向你介绍另一个世界，描述你也许从未见过的地方。如果我们静下心来，思考阅读和写作的本质，我们会发觉这是一个足以改变人生的奇妙现象。读写文化以及后来大众读写文化的形成对世界产生了深远的影响。现代的数字化技术都基于文本，无论是维基百科的平面脚本，还是每个网站的分层代码。表情符号和短信用语把这种视觉传达简化成最纯粹的形式，回归到书面语言的起源，即象形文字。

在本书中，文献一直都是非常重要的资料。其他民族对于伊特鲁里亚人的描述之所以能幸存下来，只是因为它们被写在蜡版、莎草纸或牛皮纸上，并得到了仔细收藏和精心保管。这些非同寻常的幸存篇章一般都来自精英阶层的世界。绝大多数历史文献的作者都是富人，他们享有巨大的特权，社会经常将其视为博学的智者，认定他们的作品才值得流传。女性和穷人的文字极少幸存下来，而文德兰达木简便是一个特例[1]。考古队从英格兰北部的渍水土壤里小心翼翼地把这批木简挖掘出来，上面记录了一些罗马人的日常琐事，他们就住在哈德良长城以南的堡垒中。如今，女性互相邀请参加聚会以及士兵向家里索要新袜子的文字在大英博物馆里占据着醒目的位置。这些信件之所以特殊，不仅因为它们非常罕见，并且展示了罗马帝国统治下不列颠地区的生活状况，还因为它们是大众读写文化繁荣发展的重要证据。

　　伊特鲁里亚没有相当于文德兰达木简的文物，只有一片尴尬的空白。伊特鲁里亚文字是存在的。前往任何一处伊特鲁里亚考古遗址，几乎都能看到带有文字的东西，比如刻着献语的石头，或者写着题词的陶器。那些字母清晰易读，混合了地中海东部的希腊字母和腓尼基字母的特征[2]。从右到左分析每个字母，你会得到什么呢？一个名字，另一个名字，名字之间的关系，运气好的时候或许还能发现一两个形容词，仅此而已。你能够从这些零碎的信息中获得许多线索，那也是伊特鲁里亚研究者要做的事情。你可以追溯家谱，

图 43　这枚红玉髓戒指上雕刻着卡帕纽斯被宙斯的闪电击中的画面，旁边写着卡帕纽斯的伊特鲁里亚名字"卡帕内"（Capne）

注意到母亲和父亲的名字一起出现，认为这证明了伊特鲁里亚社会对女性的重视。你可以找到一个像"兹拉斯"那样的官职名称，并由此推断出一种伊特鲁里亚的"奇维塔斯"。但是，古希腊与古罗马有柏拉图的《理想国》和李维的《罗马史》，还有塞奥彭普斯隔着地中海议论对岸邻居的闲话，而伊特鲁里亚却并未留下类似的文本，只有无尽的沉默。

未知而又陌生，这是伊特鲁里亚人最重要的特点之一。古希腊和古罗马社会为西方文化的许多部分奠定了基础，因此难以令人产生距离感。其主导地位源于幸存下来的文本，它们被藏在修道院中，躲过了侵略者和宗教狂热分子的破坏。在15世纪和16世纪，随着世界的重塑，这批文本再度崛起，支撑着欧洲强权的发展，最终为横跨全球的几个帝国提供了殖民扩张的正当理由。古典文献依然拥有巨大的影响力，这些很久以前潦草写下的文字并未丧失打动人心的力量，而是继续扮演使者的角色，宣传着最初创造它们的社会。这些文化在我们心目中的崇高地位不只是来自严肃的论著，艺术的表达也有一种深深吸引我们的亲切感，可能比任何审慎的科学或哲学都更加重要。如果你坐下来阅读奥维德或萨福的诗歌，你会立刻意识到两人所描述的情感是多么熟悉。然而，伊特鲁里亚诗人的作品却完全失传了。

这种令人失望的情况主要是两个原因造成的。第一个原因是伊特鲁里亚学者把他们的杰作写在了容易腐烂的材料上。当时，最常见的两种信息载体似乎是脆弱的莎草纸卷轴和亚麻布制成的书本，这两类文学人工制品都出现在了视觉艺术中：你可以看到伊特鲁里亚的死神拿着卷轴，里面大概记录了亡者的名字；许多陪葬的家具上都刻着亚麻布书本，尤其是现藏于梵蒂冈的一件雕塑，展示了紧挨着死者头部的亚麻布书本[3]。但是，这些材料并不耐久，除非得到小心谨慎的保存（有时候也可能意外遭遇火山爆发或环境突变，因而被封藏起来）。莎草纸在潮湿的情况下容易腐烂，而反复的折叠又加快了损坏的速度。亚麻布不仅会发霉，还深受蛀虫之害。即使伊特鲁里亚文本保存完好，也可能遭到故意破坏——被烧毁、撕碎或重复利用。你可以拆开一本亚麻布书，回收利用它的页面，正如本章准备重点介绍的物品一样。

萨格勒布文本看起来完全不像我们已知的书籍，它被切割成长条，用来包裹一个女人的尸体，变成了木乃伊的裹尸布[4]。1848 年，一位喜欢冒险的克罗地亚年轻人米哈伊洛·巴利奇买下了这具木乃伊，当作他在埃及旅行的纪念品。这具木乃伊被带回维也纳，笔直地挺立在巴利奇古怪的起居室里，成了人们谈论的焦点。巴利奇对他的新朋友感到越来越好奇，在某一天解开了缠绕木乃伊的布条。他似乎认为上面的文字很正常，没有证据表明他曾试图邀请古文物专家来检查那些布条。在巴利奇去世以后，木乃伊及其裹尸布被运往当时的斯拉沃尼亚王国，即今天的克罗地亚东部。它仍然保持着直立的姿势，依靠一根铁棍支撑身体，显得非常诡异。它的接收者是巴利奇的弟弟伊利亚，他是一位神父，对兄长的收藏品没什么兴趣。10 年后，这位神父终于受够了。他签署协议，将巴利奇的古文物转让给一个机构，也就是现在的萨格勒布考古博物馆。

这具木乃伊刚抵达博物馆就被写在了藏品目录上，并得到了妥善的保管。负责记录的学者注意到了文字的存在，却以为那是埃及象形文字。博物馆从开罗请来了一位德国籍的埃及学家，名叫海因里希·布鲁格施（1827—1894），曾参与过孟菲斯[1]遗迹的考古挖掘。他是古埃及文献翻译的顶级专家，早在 16 岁便开始从事这项工作，但他竟然忽略了那些符号。直到偶然遇见一位 19 世纪的名人，他才把萨格勒布木乃伊从阴暗的博物馆库房中拯救出来。布鲁格施曾以大使的身份在波斯工作过一段时间，后被任命为普鲁士驻开罗的领事。在旅途中，他结识了著名的英国探险家理查德·伯顿（1821—1890）。两人很可能是在 1869 年之后相遇的，当时伯顿已经被派往大马士革工作，不过他们也可能是 15 年前在开罗邂逅的。1887 年，两人聊起了卢恩字母[2]和其他字母，布鲁格施提起了萨格勒布木乃伊裹尸布上的奇怪符号。遗憾的是，这两个大人物最终推

---

[1] 孟菲斯（Memphis）：一座古埃及城市，位于今尼罗河三角洲南部。
[2] 卢恩字母（runes）：又称"如尼字母"。

断那些符号是非常罕见的……用阿拉伯语写成的埃及《亡灵书》[5]！

在十四年后的 1891 年，这具木乃伊再次被运往维也纳。当它抵达后，另一位古埃及文献专家雅各布·克拉尔检查了裹尸布上的文字——这一回的结论是科普特语。他想研究这份难解的文本，认为它是一种特殊的科普特语，也有可能是利比亚语。令人惊讶的是，直到此时，那些裹尸布才重新组合在一起，显示出它们的原始形态，即一本亚麻布书。克拉尔按部就班地测量了每一条布带，记录了每一段文本，并首次进行了分栏。他意识到这项任务非常艰巨，于是查阅了图书馆的资料，还请教了自己的同事。他发现木乃伊出土的埃及背景只是障眼法，这些文字的作者其实是伊特鲁里亚人。如今，一百多年过去了，亚麻布条变色了，但是上面的文字依然清晰可见，从右到左排列成十二栏。前三栏的保存状况较差，几乎难以阅读，而剩下的部分都易于辨认，只是未必完整。

现在，我们需要回过头来，思考伊特鲁里亚作品的第二个重要问题。木乃伊的裹尸布解开了，上面的内容被确定是伊特鲁里亚语，一切都准备好了：这份独特的文本讲述了什么？目前已知唯一幸存的伊特鲁里亚亚麻布书究竟告诉了我们什么？答案是我们得到的信息很少，因为我们还不能理解伊特鲁里亚语。是的，我们可以阅读字母，这些字母源于希腊语和腓尼基语，并且为拉丁字母奠定了基础。实际上，26 个拉丁字母中有 21 个都来自伊特鲁里亚语。然而，

图 44 小公鸡形状的布凯罗陶器，上面刻着伊特鲁里亚字母表，或许这是一个墨水瓶

我们看不懂字母组成的单词。这与破译埃及象形文字的困难相反，在那种情况下，文本无法阅读，但是可以理解。不幸的是，据我们所知，伊特鲁里亚语是一种几乎完全孤立的语言。它并不属于在欧洲和亚洲占据主导地位的印欧语系。同源词表格显示，在印欧语系中，距离很远的语言也有共同的起源，如梵语和英语。所谓同源词，就是指表示同一对象的关系密切的单词，表 2 列举了七种不同的印欧语言及其表示"母亲"和"水"的单词[6]：

表2

语言	母亲	水
古英语	Modor	Water
拉丁语	Mater	Aqua
古典时期雅典的希腊语	Meter	Hydor
梵语	Matar	Apa
古波斯语	Matar	Aoda
立陶宛语	Moteris	Vanduo
阿尔巴尼亚语	Moter	Uje

而伊特鲁里亚语表示"母亲"的单词似乎是"ati"，表示"水"的单词可能是"thi"，二者的发音和拼写都与印欧语系对应的单词非常不同。有些语言与伊特鲁里亚语存在相似之处：学者们指出，

利姆诺斯语（仅在利姆诺斯岛上使用的一种语言）或许源于在此定居的伊特鲁里亚商人的语言。雷蒂语也跟伊特鲁里亚语有关，那是一种在瑞士和奥地利的部分地区使用的语言。雷蒂语和伊特鲁里亚语似乎有相同的基本语法结构。古罗马文献把雷蒂人与伊特鲁里亚人联系起来，但这是一个"先有鸡还是先有蛋"的问题：究竟是雷蒂人在意大利北部的贸易活动中学会了伊特鲁里亚语，还是两个民族有共同的起源呢？即使是利姆诺斯语和雷蒂语的铭文，对于理解伊特鲁里亚语的帮助也不大。我们并没有足够的例证来确定这三种语言是否互相关联并属于所谓的第勒尼安语系[7]。学者们还提出了一些更加值得怀疑的猜想，有人把目光投向了安纳托利亚，有人关注近东地区，也有人寄希望于匈牙利。最后一种观点兴起于19世纪，经过系统的论证被否定了，却又在2003年重新出现。伊特鲁里亚语与闪米特语有关的观点在维多利亚时期也很流行，但是证明二者联系的尝试失败了[8]。安纳托利亚理论是最持久的，而且现在认为伊特鲁里亚语与卢维语（很可能是特洛伊城所使用的语言）有关的看法依然挥之不去[9]。进入20世纪60年代以后，学者们还在提出并否定各种新的猜想，甚至有人相信阿尔巴尼亚语跟伊特鲁里亚语关系密切，尽管阿尔巴尼亚语属于印欧语系[10]。

这些观点的问题在于它们都依赖同一种翻译方法，即词源学方法。正如表2所示，如果几种语言具有相关性，它们的单词和语法

结构肯定会呈现出明确的联系。然而，我们很容易看到并不存在的
联系。单个词语的相似性几乎无处不在：例如，日语表示"骨头"
的单词碰巧是"hone"[1]，发音接近英语的"bone"（骨头）。19 世纪
有一位学者名叫威廉·保罗·科尔森（1820—1875），他致力于用
这种方法来证明伊特鲁里亚语和拉丁语（排除后期出现的外来词）
之间的联系。在他去世前不久，他的作品遭到了毁灭性的批评，暴
露了这类论证的循环本质：两种语言之间存在联系，所以单词具有
相似性；单词具有相似性，所以两种语言之间存在联系。这种精心
挑选特殊单词的做法有时依然会出现，不过它在很大程度上已经被
淘汰了，取而代之的并非一种方法，而是三种不同的方法，从各个
角度向伊特鲁里亚语发起进攻。

　　这种研究模式被称为"组合法"，即利用所有可能的线索，把
信息集中起来，破解伊特鲁里亚语的奥秘。"组合法"的第一步就
是观察字母、单词和结构，寻找语法塑造语言的方式。例如，一个
单词的词尾在不同的语境下会发生变化吗？变化的原因是单复数或
所有格吗？前缀呢？单词有通用的词头吗？一旦把这些重复性的小
附件去掉，就只剩下词根了。例如，单词"use"（使用）可以衍生
出"useful"（有用的）、"usefully"（有用地）、"used"（使用过的）、

---

[1]　hone：此谓日语"骨头"的罗马拼音。

"using"（正在使用）、"user"（使用者）和"misuse"（滥用）。在这种情况下，三个字母的结构"use"将不同的单词联合起来，组成了一个家族。或者，我们也可以关注后缀，例如"useful"（有用的）、"faithful"（忠实的）、"regretful"（后悔的）、"mournful"（悲伤的）等。有一个伊特鲁里亚语单词是"qutum"，意为"水壶"。我们还能找到"qutumuza"，其含义似乎是"小水壶"[11]。那么，如果在其他地方见到"za"，我们基本就破解了单词的一半意思——它肯定是指某个小东西。

在一个文本数量有限的世界里，"组合法"的第一步只能带你走这么远。接下来，我们要换一个角度，不再拆分单词，而是把它放回句子的语境里，放回伊特鲁里亚文本的语料库中。例如，有一件来自维爱的布凯罗陶器上写着"mini alice velthur"[12]。我们知道"velthur"是一个人名，即"维奥瑟尔"。那么，这个叫"维奥瑟尔"的人和一件布凯罗陶器有什么关系呢？为何他的名字会写在陶器上？维奥瑟尔是陶器的制造者吗？恐怕不是——我们可以在别处找到另外两个单词，从而推测出整句话的含义。前面的"ali"似乎是指赠送礼物的行为，在其他语境下，它会跟带有不同词尾的人名一起出现。名字的变化对应着格的变化：也许是表示拥有的属格，或者在这个例子中，更有可能是与格[1]，表示被提及的那个人收到了某种东西。不过，"velthur"没有变化，所以维奥瑟尔没有收到任何东西。除此之外，他还能做什么跟礼物有关的事情呢？维奥瑟尔是赠送者。那"mini"呢？"mi"是一个代词，在许多文本中都出现过，但在这里它有一个变化的词尾。正如名字一样，常用代词的变化意味着格的变化。在这个例子中，"mini"为宾格，显然是受到动词"alice"影响的宾语。因此，把所有信息综合起来，我们会得到："mini alice velthur"——"维奥瑟尔送给我的"。

最后一步是走出语言的世界，回归考古学。在探索伊特鲁里亚语的过程中，这大概是最古老的方法了。有一位15世纪的修道士叫维泰博的阿尼奥，他宣称自己可以翻译伊特鲁里亚语。实际上，他还编了一本书，专门收录他发现并翻译的伊特鲁里亚失传古籍[13]。他出生于维泰博，而令人怀疑的是，那些奇迹般重见天日的文献恰好提到这座城市是古代意大利中部的政权所在地。据说，它还是最伟大的宗教中心，并且对罗马产生了最重要的影响。毫无疑问，阿尼奥的文本全部是假的。当他竭力伪造更加著名的古罗马作家的文本时，正处于文艺复兴运动中的意大利知识分子开始提出质疑。即便如此，阿尼奥的骗局直到1565年才被揭穿。有趣的是，

---

[1]　与格（dative case）：名词的语法上的格，通常表示动词的间接宾语。

他的暴露源于政治对考古学的利用：美第奇家族的一份结婚契约提到了阿尼奥的观点，结果引起了一位反美第奇学者的注意，这位学者做出了切中要害的批评[14]。一旦人们明白阿尼奥在佛罗伦萨的建立问题上犯了一个基础性的错误，他其余的作品马上就显得非常可疑了。

所幸在后续的几个世纪，伊特鲁里亚语的考古学研究赢得了更好的名声。从20世纪初开始，越来越多的文本出土信息（包括它们来自什么地方以及写在什么物品上）被保存起来，以便考察文本在伊特鲁里亚社会中的使用方式。这些资料为单词和短语提供了背景，可以帮助我们推测其含义。20世纪和21世纪的考古挖掘每隔一段时间就会发现新的伊特鲁里亚文本。1964年，一组非常惊人的物品出土了。在切尔韦泰里的古代港口皮尔吉，考古队小心翼翼地挖掘出三块金板，上面刻满了文字[15]。此次发现具有完整的考古学背景，对于确定金板的用途意义重大，不过主要线索还是钉孔的存在：这些金板是一份公告，原本挂在港口神殿建筑群的墙壁上。

了解皮尔吉金板的背景有助于翻译这份复杂的文献，它是最古老的伊特鲁里亚长篇文本之一，可以追溯到公元前500年前后。在繁忙的国际交通枢纽，面向公众的告示需要具备什么样的条件呢？它必须是用多种语言书写的。事实证明的确如此：皮尔吉文本使用了腓尼基语和伊特鲁里亚语，大概是以港口最常见的两种语言传达

图 45 皮尔吉金板，上面有伊特鲁里亚语和腓尼基语铭文，年代约为公元前 500 年

了同样的信息。实际上，考古队在皮尔吉出土的陶器碎片上也发现了腓尼基语的文字。幸好，作为一种跟希伯来语有关的闪米特语，腓尼基语是能够被读懂的 [16]。因此，我们可以把腓尼基语铭文与伊特鲁里亚语铭文进行比较，二者的内容非常相似。它们都记载了一座献给女神乌尼的小型神殿，两份铭文在提到她时，不仅使用了她的伊特鲁里亚名字，还加上了她的东方名字"阿施塔特"。新神殿

的建造者在伊特鲁里亚文本中名叫"thefarie velianas"，在腓尼基语文本中则是"tbry wlns"（拉丁语写作"Tiberias Velianas"，即"提比利亚·维利亚纳"），他希望所有人都知道他是多么慷慨，他对女神乌尼（或阿施塔特）是多么忠诚。所以，他制作了史上最华丽的海报之一，声称自己是女神最宠爱的凡人，"被她捧在手心里"[17]。

皮尔吉金板提供了许多线索，可以让我们了解这个伊特鲁里亚港口的生活。首先，当时的政客跟现在一样，都喜欢自我宣传；提比利亚·维利亚纳是一位"兹拉斯"，即伊特鲁里亚的行政官员，他已经连任三年，显然非常成功。其次，对于这位大权在握的官员来说，神明授予的权力是值得炫耀的资本，而且可以增加他在公众心目中的分量[18]。最后，也是最重要的，在民间大范围传播信息的最佳方式就是把想说的话写成文字。不是图片，而是文字。皮尔吉文本被钉在了墙上，意味着人们能够读懂它。不是祭司或富豪，而是忙于日常事务的普通民众，包括外国商人和伊特鲁里亚的贸易家族，他们会被金板的光芒所吸引。提比利亚·维利亚纳详细描述了奢侈的献礼和女神的赞赏，显然他相信民众具备高超的阅读能力。伊特鲁里亚人的读写水平远远超出了他们留在坟墓家具上的那些铭文。这也不应该令人惊讶：从公元前 8 世纪开始，就连普通物品上都刻有字母和名字。提比利亚·维利亚纳相信，若要宣传他的官员身份以及他和女神的关系，最好的办法就是把这些内容写下来。

图 46 奥鲁斯·佩特罗尼乌斯的骨灰瓮，因上面所写的伊特鲁里亚文字而得名，年代为公元前 2 世纪

　　在公元前 500 年的皮尔吉，我们可以看到文字的重要性，在那个社会，人们普遍具备阅读能力。二百多年后，写在亚麻布上的萨格勒布文本面向的读者也是如此[19]。这两个世纪见证了翻天覆地的变化，预示着伊特鲁里亚文明开始走向衰落。公元前 474 年，衰败的迹象已经出现了，希腊殖民者在库迈战役中击溃了伊特鲁里亚海军，动摇并瓦解了伊特鲁里亚对坎帕尼亚的控制[20]。贸易路线被破坏，伊特鲁里亚的财富受到威胁。随后，在公元前 4 世纪初，一座

新兴的南方城市——罗马，开始觊觎北边的邻居伊特鲁里亚[21]。伊特鲁里亚语逐渐被南方敌人的语言所取代。拉丁语和伊特鲁里亚语互相竞争，许多家族都感到左右为难，这种情况从他们的墓志铭上可见一斑。许多富裕的家族不再满足于只有伊特鲁里亚语名字，而是在棚屋骨灰瓮的门框上方刻下双语铭文。等到萨格勒布文本出现时，伊特鲁里亚语的前景已经非常黯淡了。伊特鲁里亚文本流落埃及的浪漫幻想恐怕与现实不符；更加合理的解释是，萨格勒布的木乃伊回收利用了一本曾经珍贵的亚麻布书，这也证明了伊特鲁里亚语的没落。经历过无数次类似的打击之后，伊特鲁里亚语慢慢地从考古学记录上消失了。

当然，这种语言还是会偶尔引起人们的兴趣：据记载，罗马皇帝克劳狄乌斯是最后几个会说伊特鲁里亚语的人之一。他的第一任妻子来自一个伊特鲁里亚家族，名叫普劳提娅·乌姑兰尼拉，她后来的不忠行为似乎并没有减少丈夫对伊特鲁里亚文化的好奇心[22]。克劳狄乌斯特别喜欢研究伊特鲁里亚人的宗教，尤其是他们预言未来的能力[23]。实际上，伊特鲁里亚语的命运便是由它跟神秘学的联系所决定的。图书馆和档案馆收藏的伊特鲁里亚文本无法抵挡一个新宗教的冲击，正如下一章所示，这个新宗教将积极地与伊特鲁里亚信仰对抗。在罗马颠覆伊特鲁里亚的灾难中，只有极少数亚麻布书籍幸存下来，而狂热的基督徒又造成了严重的破坏和不可避免的

图 47　刻着克劳狄乌斯头像的金币，这位皇帝对伊特鲁里亚文化非常着迷

附带损害，导致这些仅剩的文本也丧失殆尽了。

在皮尔吉金板得到广泛阅读的辉煌岁月与萨格勒布文本被认错语言的尴尬时刻之间，横亘着 2400 年的光阴。然而，通过学者们的努力，运用"组合法"收集语言学证据和考古学资料，亚麻布条上的文字是可以阅读的。这本书似乎介绍了伊特鲁里亚每年的宗教节日。因此，它提供了一些关于伊特鲁里亚宗教日历的详细信息。有一段翻译出来的部分说到了一个具体的日期：9 月 26 日。在这一天，人们应该向海神尼提恩（尼普顿[1]）献上礼物，而且文中规定礼物必须是美酒。这本书安排了伊特鲁里亚居民的生活，划分了不同的季节，列举了神明的要求，以确保人们的健康、财富和长寿[24]。

如今，文字依然拥有同样的力量，可以调动情绪，或者传达指

---

[1]　尼普顿（Neptune）：古罗马神话中的海神。

令。在一个由键盘主宰的数字化世界里，我们比以往任何时候都更加依赖文字。通过手机和电脑进行的交流离不开文本。我们的指尖有上千座图书馆，连接着无数的电子图书和在线视频，能够把我们带入新的世界。伊特鲁里亚语的故事，它的消失和局部的恢复，都与这个新的文本世界密切相关。语言一直在不断地走向灭亡，它们仅仅保存在数字化档案中，和亚麻布上的文本一样脆弱。如果无人使用，任何语言都会消失。展望未来，数字化领域真的是保存文学和文化的安全之所吗？由于物质性而得到重视的纸质书有可能成为书面文字的唯一栖身之处吗？

从积极的角度来看，科技进步有望推动语言学的发展。计算机模拟可以检查并浏览所有文本，提取和比较众多古代文献中的词语[25]。在伊特鲁里亚文学的完整语料库中搜索单个词语的工作量大大降低，随着速度提升，研究可能会取得突破。在考古学的世界里，新发现层出不穷。20世纪90年代末，一组青铜刻板被交到了托斯卡纳山城科尔托纳的警察局，上面有目前已知最长的伊特鲁里亚铭文之一[26]。另一份萨格勒布文本，另一部亚麻布书，可能就藏在某个地方。伊特鲁里亚语的证据一点一点地浮出水面，而新的科技可以帮助我们充分利用这些证据。伊特鲁里亚传说的这个核心部分，亦即难以索解的语言，或许终将被破译。

第十章

聆听肝脏的声音

伊特鲁里亚人的宗教身份非常有名，在现代人的心目中，这大概是他们最重要的特征。伊特鲁里亚人的神秘感不仅来自伊特鲁里亚语的难解问题和伊特鲁里亚人的模糊起源，而且跟他们的宗教信仰密切相关。这一点很令人困惑。对于 2500 年前的信仰，我们到底能够了解多少？人们的宗教信仰是一种高度个性化的现象，反映了他们认为怎样的仪式可以定义社会生活和精神生活。当伊特鲁里亚的祈神者闭上眼睛时，究竟发生了什么事情？考古学和历史学只能描绘出一个大致的轮廓。考古学提供了关于宗教信仰的零碎物品，而历史文献则介绍了局外人的观点，其中有些作者还支持古典时代晚期与之竞争的信仰体系，尤其是一个坚定推崇犹太先知的新宗教。因此，从一开始，伊特鲁里亚宗教信仰的具体情况就是未知且不可知的。

话虽如此，宗教文物依然是我们能够看到的最真实的信仰证据。某人在某处投入了时间和资源，制作了可以实现自己信仰的东西，本章的核心物品就是其中之一。它凭借自身的存在创造了信仰，为使用者提供了伊特鲁里亚宗教宇宙运行的指南。它出现在伊特鲁里亚世界的末期，比萨格勒布木乃伊的裹尸布晚了一个世纪，当后者被写上文字时，伊特鲁里亚已经失去了在意大利的支配地位[1]。它证明了伊特鲁里亚宗教信仰的影响力和持久性。它是目前挖掘出的最重要的伊特鲁里亚文物之一，而它的长度只有 12.6 厘米。1877

年 9 月下旬，这件小小的青铜制品在田间被发现。此地位于平坦肥沃的山谷中，远离托斯卡纳的丘陵，甚至比马尔扎博托的沟壑还要靠北 2，附近的特雷比亚河流向意大利北部，注入伟大的波河，那里盛产粮食。在 1877 年，这是一个相对舒适而富裕的地区，没有像别处一样受到贫穷的困扰。

当地的生活水平很重要。这样一件文物能够被上交，充分说明了发现它的农夫并非一般人。他在马拉的犁具前注意到了如此不起眼的一块青铜，并且意识到了它的重要性，这一连串事件在其他地方恐怕不会发生。一旦除掉从田里带来的泥土，这件小小的青铜制品便显露出奇特的形状，平坦的表面上有一些古怪的凸起。右边的刻线从一个中心点向外发散，而左边的刻线则构成了类似砖墙的图案。外围还有一圈仔细勾勒的线条，随着轮廓清晰的边缘起伏，虽然在土壤里埋藏了数个世纪，但是仅仅受到了轻微的腐蚀。在这件小巧的青铜制品清理干净以后，我们可以看到上面布满了铭文，每个区域都被划分出来，并标上了字母。总共有 16 个区域在外围，24 个区域在内部，所有区域都挤在这个小小的物品上，而且它的底部还刻着另外两个单词。无论这是什么东西，从设计的目的来看，它应该是用于阅读和研究的。在历史文献的语境下，它那奇特的形状和古怪的凸起忽然得到了解释：这是一个与实物大小相同的羊肝模型。

图 48 著名的皮亚琴察铜肝，出土于一片田地，证明了伊特鲁里亚宗教的延续性

这件小巧的人工制品被称作"皮亚琴察铜肝"（现藏于皮亚琴察的法尔内塞宫博物馆），它证明了人类对于预测未来的兴趣是多么持久和强烈。它的特殊形态很像其他更加古老的文化留下的遗物。例如，有一件类似的黏土制品来自伟大的古城巴比伦[3]。这个陶肝大约制作于 1400 年前，上面刻满了楔形文字。正如皮亚琴察铜肝一样，它也展示了胆囊、尾状叶和腔静脉，那原来是羊肝所必备的部分。具有讽刺意味的是，跟皮亚琴察铜肝相比，我们更了解巴比伦陶肝在青铜时代的使用情况。幸存的文献描述了一种特殊的祭司，即"巴鲁"，他们会利用有关肝脏的知识来影响国家的重大决定[4]。只有家世清白、生活纯洁的男性才能担任巴鲁，通过阐释

神明的旨意，为国王出谋划策。

人们还从赫梯帝国首都哈图沙的大堡垒中发现了 36 个刻有铭文的肝脏模型，赫梯帝国曾在公元前第二个千年的中叶统治过土耳其[5]。由于这种对动物肝脏的共同兴趣，后来的皮亚琴察铜肝很快被卷入了伊特鲁里亚人起源的争论中。1901 年，在它出土不到三十年后，德国学者路德维希·施蒂达（1837—1918）便利用它来证明土耳其和伊特鲁里亚之间的关联[6]。然而，有一个经典的伊特鲁里亚故事介绍了解读动物内脏的做法，即"肝脏占卜术"，反驳了施蒂达的诠释。这个故事在古罗马文献中保存下来，摘自一部已经失传的伊特鲁里亚作品：《塔格斯之书》[7]。西塞罗提供了故事的一个版本，而奥维德则讲述了另一个版本[8]。两个版本颇为相似，足以表明这是一个非常著名的神话传说，其中还包含了许多重要的细节。

这个故事也发生在一片经过耕耘的田野上，不过那里位于伊特鲁里亚的中心地带，靠近塔尔奎尼亚。一名农夫在路上被土坑绊倒了，洞里躺着一个小男孩儿，脸庞却像老人一样。农夫高声叫喊，人群聚集起来。孩子开口讲话，众人为他的智慧所折服。他先透露了自己的名字是"Tarchnes"（塔格尼斯），拉丁语写作"Tages"（塔格斯）[9]。随后，他向人们展示了如何通过飞鸟的踪迹和走兽的内脏来解读神明的旨意，以及预测未来的事情。他还介绍了阴间的情况和死亡的危险。人群中的学者冲回家里，把听到的内容写在纸上，从而为伊特鲁里亚的第一批神圣之书奠定了基础。

这个故事指出塔格斯传授的知识诞生于意大利本土。没有跨越海洋的神秘之人带来力量，没有东方起源的痕迹。塔格斯首先向一个贫穷的农夫显灵，而不是把权力赋予特定的家族、个人、王室或种姓。神明并未直接参与其中，儿童预言家塔格斯谈到了他们，但是没有替他们发言。这位伟大的先知以孩子的形象出现，通过弱小的身体传达神明的知识。人们的读写能力表明这个故事最早可以追溯到公元前8世纪，尽管描绘塔格斯神话的图案最早出现在公元前3世纪的一面镜子上[10]。有趣的是，考古队在塔尔奎尼亚的奇维塔平原挖掘出了一座神庙，地基中放着一具孩子的尸体，死者生前患有癫痫，可能在发病时出现奇怪的幻觉[11]。无论那具可怜的小小尸体是否代表人们心目中的塔格斯继承者，或者跟传说有着更加密切的关系，它都强调了这个神话在伊特鲁里亚的影响力、持久性和重要程度。

塔格斯的故事并非独一无二。其他伊特鲁里亚先知也曾出现在人们面前，不同地区的伊特鲁里亚居民都希望和神明建立联系，掌握独特的魔法能力。在北边的丘西，一个年轻的女人透露了另一种预测未来的方式。她的故事流传较少，后来的罗马文献称她为"Vegoia"（维格娅），而她的伊特鲁里亚名字很可能是"Vecu"（维古）[12]。与塔格斯不同，我们几乎不了解她作为女先知出现的情况，也不清楚她正确诠释了哪些征兆来博取人们的信任。不过，文献确实提到了一点：据说她擅长解读空中的闪电和飞鸟的踪迹。维格娅还拥有一种很像魔法的实用能力，她可以控制水流，把赋予生命的液体带给口渴的民众。这条线索有助于推测她所属的年代：虽然"兔子洞"（在岩石中开凿的排水管道）的发明时间很难确定，但它似乎出现在公元前 6 世纪之后[13]。还有一条关于年代的线索，那就是维格娅把天空划分成不同的区域，并按其长度规定人们使用的计量单位。伊特鲁里亚词语"naper"（纳佩尔）指的是一段特殊的距离，大概是某种绳子的长度，而建筑的计量单位是 27 厘米，即一只"意大利脚"的长度。据证实，该计量单位产生于公元前 6 世纪[14]。这种知识的实用性掩盖了其魔法性：人们可以建造整齐而安全的房屋，按照合适的比例进行设计，使外形变得更加美观。维格娅拥有的能力跟日常事务紧密相连，强调了宗教信仰在伊特鲁里亚人的生活中占据着核心地位，甚至关系到荒郊野外的管道开凿。正如塔格斯的故事一样，这位女先知利用自己的天赋，让穷人也体验到了神迹。

那些已经失传的奇妙知识在皮亚琴察铜肝上留下了痕迹，外围的 16 个区域对应着天空的各个部分，据古罗马作家普林尼描述，伊特鲁里亚人会借助天空的分区来剖析闪电和飞鸟[15]。同样的方法也可以用于解读肝脏，说明两种占卜术有着相似之处。在伊特鲁里亚各地，许多物品都描绘了同样的图案——一名站立的占卜师，一条腿支撑身体的重量，另一条腿抬起来，脚踩在石头上[16]。占卜师的左手拿着一个肝脏，面前通常是一张桌子或一座祭坛，摆着动物尸体的其他部分。这种姿势似乎非常重要：悬浮于天地之间，正适合解读神明的旨意。大部分图案刻画的占卜师都是男性，但铭文显示女性也会扮演重要的宗教角色，尽管她们的形象很少得到描绘[17]。

图 49　用于宗教仪式的酒碗，产自奥尔维耶托，年代约为公元前 250—前 200 年

　　这些图案出现的时间都比较晚，并且完美呼应了后来的古罗马文献。然而，它们仅仅构成了一幅微小的缩影，背后是伊特鲁里亚人信仰变化的漫长过程。推测先知故事的年代是非常困难的尝试，即使有零碎的考古学证据可能支持这些故事，我们也无法得出确定的结论。考古学还揭示了一种不同的宗教信仰，并非聚焦于先知和占卜师，而是关注一群能够给予特殊恩惠的神明。伊特鲁里亚最早的神庙，如塔尔奎尼亚的王后祭坛（在公元前8—前7世纪落成并扩大）和维爱的波尔托纳奇奥圣殿（大约可以追溯到公元前6世纪中叶），刚开始只是简单的宗教建筑，被明确划分成三个区域，外加一片类似于露天门廊的空间[18]。这种三重结构完全符合仪式的概念，因为在仪式进行的过程中，人们会经历三个阶段的变化。我们可以看到，现代的典礼也保留了这种标志着生命变化的仪式：从洗礼到毕业典礼，再到葬礼。有前，有中，有后。最重要的时刻是状态发生变化的瞬间，对于宗教仪式来说，那就是神明作用于祈求者的时候。在伊特鲁里亚神庙的废墟里，我们能够想象人们告别日常琐事，走向神明的世界，随后又回归平凡的生活。

　　关于人们供奉神明的形式，最大的证据之一就是这些宗教建筑内部和周围的遗物。在塔尔奎尼亚的奇维塔平原上，除了前面提到的那具孩童尸体之外，还埋葬了一些颅骨变形的婴儿。这里也残留着一条通往岩石裂缝的管道，似乎是用来处置液体的——或许是动物献祭的鲜血，但更有可能是酒水。此地还发生过两起精心策划并认真实施的破坏事件。在入口处的一个坑里，放着一把斧头、一块盾牌和一只弯曲的号角，可以追溯到公元前 7 世纪初。这三件物品都被故意损坏了，以确保它们无法复原和再次使用。在附近的另一个坑里，有一整套餐具，包括十个盘子和两个杯子，都被摔成碎片并埋了起来。怀着得到回报的希望，把一件物品毫无保留地献给神明，这似乎是伊特鲁里亚早期宗教的主要活动，青铜时代和铁器时代的其他欧洲群体也采取了相同的做法 [19]。

神庙的某些结构也会成为这项传统的一部分，在建筑改造之后作为祭品得到重新利用。这方面令人印象最深的例子是佛罗伦萨附近的科拉山丘遗址 [20]。当该遗址的第二个发展阶段开始时，早期神庙的残骸被彻底推翻了。一块巨大的砂岩堵住了通往地下室的石缝，那里大概是原本举行仪式的场所。更加奇特的是，这块砂岩是倒置的，旁边还摆着一枚金戒指和一根金丝，整个组合显然经过仔细设计，最后所有物品都被掩埋了。在另一片区域，有一块圆柱形的砂岩也头朝下放着，可能是一个小型祭坛或立柱的一部分 [21]。这种布置方案的规划和执行需要耗费许多时间和精力，足以证明伊特鲁里亚宗教信仰的强大。

这些隆重的献祭行为自然会引起人们的注意，不过较小的物品更加常见，而且能够帮助我们确定神明的身份 [22]。铭文给出了神明的名字，还带有不同程度的细节。陶器上可能只写着两个词的献语，如 "mi uni"（给乌尼）。更长的铭文或许会介绍献祭者的身份，然而遗憾的是，关于动机的线索很少。有一个特例是以黏土或青铜制成的人体部位做祭品，大概对应着出现问题的内部器官、生殖器官和四肢[23]。但是，通过考察这些物品献祭的神明，我们可以看到各地的喜好——某些地方会崇拜特定的神明。例如，奥尔维耶托的观景神庙，也就是现存最完好的伊特鲁里亚神庙之一，似乎供奉着天神提尼亚[24]。在皮尔吉和塔尔奎尼亚的王后祭坛，供奉着女神乌尼[25]。在维爱，波尔托纳奇奥圣殿被献给女神梅尔瓦，而城墙外的另一座神庙则是献给天神阿普鲁的[26]。这两位神明的伊特鲁里亚名字非常接近他们的古罗马和古希腊名字，即密涅瓦和阿波罗。

从描述和称号来看，大部分伊特鲁里亚神明都至少有一点像奥林匹斯众神和后来的古罗马众神[27]。提尼亚是掌管天空和雷电的伊特鲁里亚神明，乍看之下与宙斯完全一样，而统治阴间的艾塔则相当于冥王哈迪斯。许多神明都代表着相似的事物，或许反映了古代生活的主要特征和供奉者最关心的方面。随着古希腊世界与伊特鲁里亚世界之间的贸易蓬勃发展，联系日益紧密，共同的神明象征可能成了两种文化互相交流的重要参照点。然而，我们不能认为伊特鲁里亚神明与古希腊神明具备相同的属性和责任。雅典娜和梅尔瓦的角色似乎有着明显的差异，后者并未掌管手工艺，却跟养育孩子和治疗伤病有关[28]。同样地，前面说到的提尼亚通常是一个没有胡须的青年，而宙斯则是一个长着胡须的壮汉[29]。

更加古老的贸易关系和更加亲密的盟友也影响了伊特鲁里亚的神明体系。根据皮尔吉文本的描述，伊特鲁里亚女神乌尼（经常被比作女性主神赫拉，而且她的名字显然跟古罗马女神朱诺有关）相当于近东女神阿施塔特。后者与巴比伦女神伊什塔尔有关，是古代世界最受欢迎的女性神明之一，在许多地方都得到供奉。阿施塔特跟赫拉不同，她没有必须恪守的妻子身份和行为放纵的风流丈夫，而是代表着性爱与死亡的奇妙组合。在《吉尔伽美什史诗》中，她的行为害死了主人公最好的朋友恩奇都[30]。她是一位强大而独立的女神，艺术作品也把她描绘成这样。正是近东地区的图案给伊特鲁里亚女神乌尼的形象提供了灵感，其中最著名的例子之一现藏于大英博物馆，在那件浮雕中，阿施塔特全身赤裸，傲然挺立在两只猫头鹰中间，它们是残忍的暗夜猎手。还有一些艺术作品展示了她与致命的大型猫科动物相处的情景[31]。

这种象征性的描绘方式流传很广，甚至产生了专门的术语：画面中的女神被称作"Potnia Theron"，意为"动物的女主人"[32]。类似的图案（两只猫科动物簇拥着一个长翅膀的女人）在伊特鲁里亚颇为常见，曾出现在不少陶器和奇维塔特山丘的饰板上[33]。丘西陶器还把这位长翅膀的女神刻画成"宝座背后的力量"，而且她很可能就是塔尔奎尼亚地区供奉的女神乌尼。在希腊，这位女神变成了许多神明，因为阿尔忒弥斯、赫拉、雅典娜和阿佛洛狄忒都具备"动物的女主人"的特征。在伊特鲁里亚，乌尼似乎保留了她跟近东神明的密切关系。直到公元前 4 世纪初，伊特鲁里亚宗教经历巨大转变时，这位女神在伊特鲁里亚仪式中的支配地位才开始动摇，而爱神图兰（阿佛洛狄忒）的雕塑和绘画则逐渐流行起来。

这种变化是所谓伊特鲁里亚宗教"分水岭"的一个方面，那是发生在公元前 4 世纪的一场剧烈变革[34]。它标志着先知和预言将成

图 50　装饰着女性头像的布凯罗酒杯，可能与"动物的女主人"有关

为伊特鲁里亚宗教仪式的关键特征。尽管宗教信仰的焦点转变了，但神明并未突然从人们的生活中消失。实际上，皮亚琴察铜肝外围的 16 个区域都刻着神明的名字，其中有提尼亚、乌尼、尼提恩（尼普顿）和福弗伦斯（狄俄尼索斯）。铜肝的内部区域也写了神明和英雄的名字，包括赫丘勒（赫拉克勒斯）、勒达、玛尔斯和图兰（阿佛洛狄忒）。我们很难确定皮亚琴察铜肝究竟是代表了一种古老的传统，暗示着人们在关注预言的同时依然信奉神明，还是象征着早期的神明已经被此时出现的新宗教所吸收了。但无论如何，在后人的心目中，占卜术才是伊特鲁里亚宗教的核心力量。

伊特鲁里亚人对神明和英雄的持续重视带来了一个问题：为什么要引进先知和预言？为什么会出现这种情况？仅从历史角度来解释伊特鲁里亚宗教行为的这一关键转变，恐怕过于简单化了。当神明给予的答案无法满足人们时，先知就变得非常重要；当人们的运气开始走下坡路时，他们就会对神明感到失望。伊特鲁里亚宗教信仰的另一个转变导致了魔鬼形象的出现，那是一种可怕的生物，把阴间改造成充满危险的恐怖之地。在这些转变中，我们可以看到一个逐渐陷入悲观的社会，人们依赖过去的荣耀，惧怕未来的意外，把希望寄托在先知身上，通过分解动物的内脏来获得安全感——这种情况是否让你觉得很熟悉呢？在瞬息万变的世界里，那些能够预测灾难的先知有一种魅力，难免会吸引一批追随者：宣扬末日论的现代邪教如此，由于罗马占领而陷入政治动乱的伊特鲁里亚亦是如此。

刚刚崛起的罗马人非常迷信伊特鲁里亚占卜师的精准预测：据说，告诫尤利乌斯·恺撒"当心三月十五日"的贤者就是一位名叫斯普林纳的伊特鲁里亚祭司[35]。在伊特鲁里亚文化被颠覆之后，其创造的宗教思想却依然存在，这一点颇为耐人寻味。虽然罗马社会可以接受异族的信仰体系，而且对于不同的宗教比较包容，但伊特鲁里亚的占卜知识在那么长的时间里一直得到推崇，还是显得很奇怪。或许是因为罗马人借鉴了伊特鲁里亚人举行仪式的方法，所以两种宗教才能顺利同化，伊特鲁里亚的占卜术被称为"学问"，获得了科学的地位，表明罗马人承认了伊特鲁里亚人在这方面的专业知识。实际上，罗马军团乃至皇帝本人都有一位内脏占卜师（擅长预言的祭司），强调了伊特鲁里亚宗教与罗马政治的融合[36]。

然而，一位后来出现的先知和他的信徒却消灭了伊特鲁里亚的宗教及其知识。基督教与伊特鲁里亚宗教有一些相似的关键特征，尤其是二者都崇拜一位以孩童身份来到世上的先知，这可能足以让基督徒将伊特鲁里亚的宗教习俗视为一种明显的威胁[37]。生活在公元 2 世纪的基督教作家特土良曾把几位伊特鲁里亚圣贤列为宗教骗子[38]。而且，伊特鲁里亚宗教信仰也对基督徒造成了实际的威胁：在公元 3 世纪，怂恿戴克里先皇帝迫害基督徒的人正是罗马帝国的占卜师[39]，即《伊特鲁里亚学》的继承者——那批文献记载了先知塔格斯的话语，并在古罗马时期得到持续的更新和修订。在这种互相蔑视和恐惧的气氛中，一场心灵和思想的斗争变成了殊死之战。慢慢地，随着君士坦丁皇帝改信基督教，伊特鲁里亚宗教不可避免地失去了对罗马政治的掌控，其信徒的数量也在不断减少。

伊特鲁里亚宗教和基督教之间的紧张关系将在整个中世纪影响人们对伊特鲁里亚民族的看法。滴着鲜血的异教仪式令人想起了可怕的邪教，而后者总是利用恶魔的手段来威慑信徒。在这一时期，伊特鲁里亚宗教变成了恐怖与诱惑的结合体，那也是现代社会认为伊特鲁里亚人"神秘"的根源之一，他们可以预测未来，却无法阻止自身的毁灭。不过，伊特鲁里亚遗留的痕迹经常出现在中世纪的艺术作品中，暗示着一种视觉表达的传统顽强地挺过了民族大迁徙[1]的文化剧变。就连最神圣的基督教画像也包含着伊特鲁里亚元素：伊特鲁里亚人把阴间的魔鬼描绘成长翅膀的人类，对后来的天使形象产生了深远的影响。乌尼（赫拉）哺乳婴儿赫丘勒（赫拉克勒斯）的场景变成了圣母怀抱圣婴的画面，因此圣母玛利亚赤裸胸部的肖像在中世纪的意大利非常流行[40]。

在我们的现代世界里，信仰依然不断发生变化。在某些地区，

---

[1] 民族大迁徙（Migration Age）：指公元 375—568 年在欧洲发生的一系列民族迁徙运动。

宗教几乎完全被科学所取代，体现了古罗马式培养的胜利，即注重教育、训练、知识和秩序。而在另一些地区，宗教唤起的极端虔诚却带来了暴力与痛苦。世界上的所有宗教都在两种模式之间挣扎，一种是让人们和平地接受教义，另一种则是直接把教义灌输给别人，无论他们是否愿意倾听。宣扬末日论的群体为世界的终结做准备，要么举行古怪的邪教仪式，要么在地窖里塞满罐头，试图抵御科学导致的核弹爆炸或气候灾难。我们再一次仰望天空，寻找预测未来的方法，在大气中搜索星球变化的证据。伊特鲁里亚的占卜术依然存在，不管是结合新闻诠释专家的话语，还是利用数据分析现代生活的事件，都是为了破解命运的奥秘。从发现房地产市场崩溃到触发海啸预警系统，我们越来越依赖一种新型的占卜术，宗教已经不适用于这个充满知识且相对稳定的世界了。20 世纪标志着信仰的变化，也呼应了伊特鲁里亚宗教在公元前 4 世纪发生的剧变。如今，我们渴望了解 24 小时的新闻，而不再聆听肝脏的声音。在一个对神明不满的世界里，我们开始向一种新的先知求助，它并非诞生于土壤中，而是来自实验室。

图 51　精美的酒瓮。在家族和政治动荡的时期，酒水或许是一种慰藉

第十一章

面对死亡

人生中只有一件事情可以确定无疑，那就是一切都会结束。每个人都要面对死亡，或是在百年的自由生活之后，或是在一场不幸的车祸之后，或是在长久的病痛折磨之后，或是在一次突然的心脏病发作之后。最终的结局都一样：一个曾经行走、交谈、享受爱与被爱的人，从世界上消失了。幸运的是，21 世纪的医学看起来颇为繁荣，我们很少直接面对死亡。当然，死亡就在附近，降临到别人身上，变成头条新闻。尸体被转移、消毒、清理、化妆，一切都由专门从事殡葬行业的工作人员完成。一旦处理完毕，尸体就被永远地抛弃了，要么在无情的火化炉中承受高温的煎熬，要么干脆埋进土里。这两种现象减少了接触死亡的经历，并且在客观上把死者和生者分开，导致我们对于无法避免的结局深感不安。死亡的时候会发生什么？尽管科学发达，但是我们依然不知道这个问题的答案，恐怕将来也不可能知道。

本书提到的各种物品与伊特鲁里亚人为死亡所做的准备密切相关。在许多坟墓幸存下来的同时，也有许多聚居地遭到摧毁，奇特的命运使伊特鲁里亚人获得了一种怪异的名声。构成伊特鲁里亚人神秘传说的因素包括其模糊的起源、难解的语言、预测未来的兴趣和知识，以及罗马邻居造成的政治灭亡。这些不同的方面汇集在一起，呈现出一个未知的民族，其最后一项特点便是伊特鲁里亚人对死亡的痴迷。他们的社会与我们的世界相去甚远，因为他们能够把大量资金用于坟墓的建设、装饰和家具，而我们却总是害怕和故意遗忘自己必须死亡的事实。不过，两种文化是以不同的方式做同样的事情：伊特鲁里亚人为死亡所做的准备与我们对死亡的故意排斥具有同样的功能，二者都属于应对机制[1]。

萨尔泰亚诺是一座宁静的小镇，没有每年夏天挤满街道的游客，但这是一个非常重要的地方。它位于托斯卡纳地区的两片大型山谷之间，山谷里的基亚纳河与奥尔恰河片刻不停地向南奔流。往西仅仅数英里，便是丘西和蒙特普齐亚诺的悬崖峭壁。在小镇的另一边，沿着尘土飞扬的小径走出中心地带，你就可以回首东望，看到奥尔恰山谷和托斯卡纳的最高点阿米亚塔山。伊特鲁里亚坟墓分布在乡间，而镇上的小博物馆则收藏了那一时期的众多文物。大部分学者都认为这里只是一处规模很小的乡村聚居地，附近的道路从丘西通往奥尔恰山谷的肥沃农田以及海岸，可能还连接着南边一个更远的伊特鲁里亚中心，即切托纳¹。然而，在 2003 年，萨尔泰亚诺东南边的一片墓地证明了这座小镇依然能够给考古学界带来惊喜。

皮亚纳切墓地在 2000 年重新启动挖掘工作。第一次正式挖掘开始于 20 世纪 50 年代中期²，那次挖掘曾找到了一座巨大的古墓，

---

[1] 应对机制（coping mechanism）：心理学术语，指人们在面临压力或创伤时用来应对负面情绪的策略。

图52 一座坟墓出土的青铜盘子，证明了伊特鲁里亚人会故意在坟墓中炫耀自己的财富

入口的通道长达 30 米。研究者相信还有更多东西尚未发现，而他们猜对了。2003 年，考古学家揭晓了伊特鲁里亚世界最惊人的遗物之一，他们发现了一间墓室[3]。在这里，他们并没有看到考古故事中经常讲述的"美妙事物"，而是撞见了噩梦般的景象。每一面墙上都有色彩艳丽的壁画，其描绘的主题却令人毛骨悚然。一个红头发的人穿着鲜红色的长袍，用鞭子抽打四匹古怪的白马，催促它们以危险的速度飞快奔跑，追赶一个正在逃命的男人，后者的身材比较瘦小。如果仔细观察，你会发现那些白马都长着雄狮的爪子，弯曲的尾巴也像大型的猫科动物一样。另一幅壁画展示了两个严肃对

图 53 "地狱战车之墓"的壁画，出土于萨尔泰亚诺的皮亚纳切墓地

视的男人，年轻者伸手去触碰年长者布满胡茬的下巴。在他们的右边，有一条昂然挺立的三头蛇。后墙上画着几只海怪，前面摆着一具损坏严重的棺材[4]。

这座坟墓使人感到不安。每周六上午，在一名博物馆工作人员的陪同下，我们可以去参观它[5]。沿着通往入口的走廊前进，温度不断下降，空气变得潮湿而沉重。多亏了游客人数的控制和工作人

图 54 "地狱战车之墓"的局部

员的谨慎，壁画的色彩依然非常鲜艳。在南边更加著名的坟墓里，当伊特鲁里亚家族埋葬亲人时，他们看到的壁画大概就是这样。遗憾的是，中世纪的盗墓者已经在此留下了足迹，他们偷走了这间家族墓室中的大部分宝藏。有些物品幸免于难，如今安放在萨尔泰亚诺的博物馆里，其中包括一组不透明玻璃制成的游戏零件和一系列陶器，多数用于盛装食物和酒水，但也有一个香水瓶。

若要解释坟墓中的壁画和物品，我们必须考虑它们的使用背景。什么人在什么时候进入过这座坟墓呢？人死之后会留下一道巨大的鸿沟。如果那是一个健康的年轻人，留下的是震惊；如果那是一个老年人，留下的是一生的回忆，伴随着悲伤或微笑。如果死于暴力，留下的是恐惧。每一次死亡都会留下一种特殊的空白。然而，传统和信仰却带来了一点控制的权力。葬礼的形式给予了亲属一个对抗死亡的机会，他们可以按照自己的意愿来安排事物。供奉死者是一种保持平衡的行为，生者借此缓解失去挚爱的痛苦，同时面对自己也必须死亡的命运。伊特鲁里亚家族会使用同一座坟墓来埋葬多名死者，因此坟墓是最能体现这种复杂情感的场所。在萨尔泰亚诺，我们能够清楚地看到一个家族认为他们应该为逝去的亲人提供什么，以及他们自己需要什么来克服无法避免的沉重压力。

首先是墓地本身。在很长一段时间里，皮亚纳切墓地始终是埋葬死者的地方，坟墓的年代从公元前 6 世纪到公元前 2 世纪不等。在其他伊特鲁里亚城市，墓地也会得到长期使用。伊特鲁里亚人希望能回到世代埋葬死者的地方，而且这些地方都在城外，通常位于对面的山坡上。在萨尔泰亚诺，坟墓都朝着西南方向，坐落在一道山坡的边缘处，底下是通往现代橄榄园的峭壁。自从 2003 年发现那座坟墓以来，当地的挖掘工作一直在继续，揭示了这里所举行的殡葬仪式的另一个环节。在 2007 年的挖掘期间，有一座半圆形的奇怪建筑逐渐从土壤中显露出来[6]。它是一片精心设计的公共空间，位于皮亚纳切墓地的中心，由大块的石灰岩垒成，被用作遗体告别的场所。学者们认为这座建筑可以追溯到公元前 5 世纪，它就像一个剧院，让死者呈现在聚集的哀悼者面前，并提供了宣泄情绪的舞台[7]。

那座珍贵的彩绘坟墓被称为"地狱战车之墓"，建于公元前 4 世纪，此时这片公共空间已经落成了。我们可以推测，死者先从家里被转移到墓地的中心空间，很可能还有正式的游行队伍护送[8]。一旦告别环节结束，尸体就被埋入地下。这座特殊的家族坟墓出现在上一章描述的宗教剧变之后，但相隔不久。因此，坟墓中的壁画和陪葬品明确反映了一个信仰冲突的动荡时代。献酒的欢乐与墙上的毒蛇之间存在难以调和的矛盾。有些壁画依然表现了早期思想中的死亡概念和来世生活，比如两个男人靠着同一张躺椅，仿佛在参加一场奢侈的宴会。这是遍布伊特鲁里亚各地的主题，也是定义死后经历的关键。棺材本身便强调了这种观点，保留了骨灰瓮的部分传统，通过雕像暗示死者将永远在外用餐[9]。

问题是壁画上的宴会参加者不再是轻松愉快的，他们的表情绝望而烦恼。上面提到的两个男人一老一少，可能是父子，不过也有学者认为他们是情侣[10]。在危险的包围下，他们显得坐立不安。从坟墓的建造和装饰来看，这个家族显然非常富有，但是他们无疑对阴间的生活感到十分担忧。描绘魔鬼的形象大概是一种保护死者的措施。在坟墓中放置贵重物品的做法已经延续了数百年，这座坟墓的拥有者意识到了盗墓的可能性。他们在黑暗中留下恐怖的壁画，或许是希望阻止将来闯入坟墓的盗贼。其实，墙上展示的怪物应该没有我们想象得那么吓人，它们的诡异只是一层额外的屏障，用来抵御人类盗贼和各种恶意。死者是脆弱的，而短暂踏入其领域的生者更是如此。这些怪物可以划分死者和生者的界限，让送葬的队伍安心返回生者的世界，以免把坟墓中的压抑气氛带到家里。

这些怪物的身份难以确定。红头发的魔鬼可能是卡伦在当地的化身或对应的女性邪灵，据说卡伦控制着进入阴间的通道。其他描绘卡伦的艺术作品显示他是一个可怕的人物，拿着一把巨大的锤子。在陶器的图案上，伏诛的犯人或倒下的战士背后会出现他的身影。令人不安的是，卡伦还有许多一模一样的同伴，他们随时准备袭击任何地方——在切尔韦泰里的一座坟墓里，至少聚集了四个卡伦。这种魔鬼被赋予了动物世界的危险特征，比如恶狼的面孔或野猪的獠牙[11]。有时候，他还体现了导致人类死亡的病痛：切尔韦泰里的四个卡伦之一浑身都是水疱，仿佛被烧伤了皮肤[12]。卡伦的形象给人们留下了严重的心理阴影，并且融入了古罗马继承的一项伊特鲁里亚遗产——角斗。一旦角斗结束，名为"迪斯帕特"的人物便立即出现，他戴着面具，手拿锤子，负责结束伤者的性命，或确保死者已经断气。这种延续性非常明显：只要被卡伦抓住，你就踏上了不归路。

图55 两名角斗士在搏斗，源于伊特鲁里亚的人物"迪斯帕特"可能正在旁边等待，准备结束失败者的生命

　　蛇的图案也在其他地方出现过。它们似乎是有毒的蝰蛇，尽管长满尖牙的嘴巴令人想起了龙。在同时期的一座塔尔奎尼亚坟墓中，更加传统的毒蛇缠绕着魔鬼的胳膊，他的皮肤是蓝色的，就像被蝰蛇咬伤中毒的人一样[13]。蛇在这里出现很合适，因为它也是带来死亡的生物。三个头可能强调了通往阴间的仪式分成三个阶段：活着、刚死以及下葬。红发魔鬼的身份依然不清楚，或许他是一位

当地的神明。壁画上没有描绘女性魔鬼万特，在武尔奇的弗朗索瓦坟墓中，万特跟卡伦一起俯瞰着遭到屠杀的囚犯，在塔尔奎尼亚的阿尼纳家族坟墓中，他们分别位于大门的两侧。万特还经常被刻画成雕塑，不过一般是作为死亡的预告者，而非来世的一部分[14]。这或许可以解释她和卡伦为何没有出现在地狱战车之墓中，也可能他们的缺席只是源于个人或地区对不同死神的喜好。无论如何，这些例子都体现了相同的模式：在埋葬亲人时，伊特鲁里亚哀悼者不再渴望看到奢侈的来世生活，而是选择面对越来越恐怖的景象。

我们很容易把伊特鲁里亚坟墓壁画的消极倾向同政治事件联系起来。罗马军队与伊特鲁里亚各城市之间的战争持续了很久，经常发生围攻和屠杀的悲惨情况。但考古学研究显示，伊特鲁里亚人熬过了这段时期：乡村聚居地的延续得到了证实，而皮亚琴察铜肝等晚期物品的幸存也表明了伊特鲁里亚文化信仰在罗马新世界的影响力[15]。双语铭文、私人占卜师、嫁入皇室的伊特鲁里亚新娘、角斗比赛的广泛流行，甚至还有"托加"[1]——伊特鲁里亚文化逐渐渗透到了罗马的方方面面[16]。然而，正如特土良所担忧的一样[17]，伊特鲁里亚宗教会威胁基督教，萨尔泰亚诺的魔鬼及其同伴将留在后代托斯卡纳人的潜意识之中。晚期伊特鲁里亚家族对来世的消极态

---

[1]　托加（toga）：一种宽松的长袍，是古罗马最具特色的男性服装。

度会流传下去，为伊特鲁里亚人的神秘传说增添一抹不祥的阴影。

当意大利的文艺复兴运动开始时，这些可怕的伊特鲁里亚形象在艺术家乔托（约1267—1337）的画作中重新出现了。这位杰出的画家是佛罗伦萨人，他的代表作却在帕多瓦，极为富有的斯克罗维尼家族委托他去那里装饰他们的私人教堂，该建筑完工于1305年。斯克罗维尼家族靠银行业赚钱，通过罪恶的高利贷来填满金库。乔托的画作正是为了修复斯克罗维尼家族与上帝之间破裂的关系[18]。然而，教堂的入口上方却画着末日审判的恐怖场面，对于赞助人来说，这个主题恐怕不够含蓄，毕竟他的父亲被同时代的但丁写成了地狱的居民。撒旦蹲坐在右下角，双臂向外伸出，抓住受害者，把他们残忍地塞进嘴里。那幅景象令人想起了塔尔奎尼亚的伊特鲁里亚坟墓壁画，而这个托斯卡纳的魔鬼也有着蓝色的皮肤和缠绕胳膊的蝰蛇，萨尔泰亚诺的毒蛇在基督教的地狱里找到了新家。伊特鲁里亚晚期死亡信仰的恐怖特征似乎很难消失。

不仅是文艺复兴时期的艺术家想借助伊特鲁里亚死者来吓唬活人，意大利恐怖片也重新利用了他们。发行于1957年的电影《吸血迷魂》（*The Vampires*）讲述了一个女魔头的故事，同样的主题也出现在20世纪60年代的电影《黑色星期天》（*Black Sunday*，1960年，又名"The Mask of the Demon"，即《撒旦的面具》）、《死神的长发》（*The Long Hair of Death*，1964年）和《驱魔任务》（*Kill Baby*

Kill，1966 年，意大利语原名为 "Operazione Paura"，即《手术恐惧》）中。这些可怕的女人非常美丽，却又无比邪恶，令人想起了古希腊文献提到伊特鲁里亚女性及其权力时流露出的震惊，还有古罗马作家描述皇帝的强势母亲和恶毒妻子时表现出的反感，她们间接地反映了古代的恐惧。20 世纪 70 年代初，随着意大利恐怖片的发展，电影开始运用更加明显的伊特鲁里亚元素。1972 年，《古妖情魔》（*L'Etrusco uccide ancora*）发行了，其英语名为《阴魂不散》（*The Dead are Alive*）。它讲述了一对考古学家夫妇跟一个复仇的伊特鲁里亚魔鬼之间的纠葛。在一群伊特鲁里亚僵尸的帮助下，这个暴怒的邪灵杀害了许多人。另一位多管闲事的考古学家在 1981 年制作的电影《埋葬之地：午夜恐惧》（*Burial Ground: The Nights of Terror*，意大利语原名为 "Notti del terrore"）中得到了惩罚。当他独自在夜间进行挖掘工作时，伊特鲁里亚死者突然复活，造成了致命的后果。1982 年的电影《双尾蝎谋杀案》（*The Scorpion with Two Tails*，意大利语原名为 "Assassinio al cimitero Etrusco"）几乎重复了同样的故事，只是增加了伊特鲁里亚女神附身和毒品交易出错的情节。

虽然这些电影在意大利之外的地区鲜为人知，但它们标志着伊特鲁里亚人一直被当作来自阴间的恐怖威胁。伊特鲁里亚晚期的魔鬼形象与基督教肖像中要求信徒殉道的邪恶神父结合在一起，构成了一种强烈的哥特式艺术风格。死去的伊特鲁里亚人永远在寻找机会，企图为他们的"失落文明"复仇——这种观点也影响了欧美恐怖片，甚至融入了最新的青少年奇幻惊悚片。在 1976 年的经典电影《凶兆》（The Omen）中，恶魔之子戴米的养父母发现其生母被埋葬的地方是一片伊特鲁里亚墓地。2006 年的翻拍版又把这个危险的伊特鲁里亚女性亡灵介绍给了新一代的观众，不过真正让无数青少年注意到伊特鲁里亚死亡魔法的作品还是"暮光之城"（Twilight）系列电影。伊特鲁里亚城市沃尔泰拉被设定成一个吸血鬼秘密组织的古老家园，强调了伊特鲁里亚人神秘传说的持久影响力，并且为这座美丽的山城吸引了大量游客，他们都在寻找经过改写的伊特鲁里亚历史和属于他们自己的托斯卡纳吸血鬼。

伊特鲁里亚魔鬼熬过了基督教主宰的漫长岁月，在帕多瓦和意大利电影中东山再起，但是当初相信他们力量的那些人却只有少数遗物幸存下来。从过去到现在，伊特鲁里亚始终都是盗墓者最喜欢的猎场之一，他们洗劫了绝大部分的伊特鲁里亚坟墓。如今，这依然是一个问题，不过由于博物馆总是对古董的来源刨根问底，盗墓者的战利品最终会出现在拍卖网站和暗网上，落入私人收藏家的手中。"盗墓者"本身已经变成了研究对象：有一位好奇的考古学家采访了一名盗墓者，这名盗墓者提到，当他多次闯入一座坟墓时，他会觉得那里的死者非常亲切[19]。他认为，伊特鲁里亚神明的确在注视着他，就像意大利恐怖片所展示的一样，但是他们很仁慈。他讲述了在某些夜晚，他是如何感受到伊特鲁里亚人在呼唤他的。尸体的枯骨和烧焦的碎片从棺材里被倒出来，散落在地板上；奇怪的是，在呼唤盗墓者时，逝去的伊特鲁里亚人并未抗议这种待遇。直到近几年，考古学家才发现了数量较多的完整墓葬，开始回答关于死者的个人问题，而此前他们只能整理和分析一些残留的物品。

最新的详细研究之一来自伊特鲁里亚城镇斯皮纳，就在威尼斯潟湖的南边。附近费拉拉大学的一个团队考察了 303 具尸骨[20]。墓葬的年代从公元前 6 世纪到公元前 3 世纪不等，尸体包括男性、女性和孩子。结果出乎意料：这些人拥有良好的健康状况，只要能够熬过童年阶段，平均寿命便相对较长，几乎比后来的古罗马人多出十年——斯皮纳的居民非常幸运。有迹象表明，埋在这里的女性患有贫血症，因为她们缺乏足够的铁元素来满足月经、怀孕和哺乳的需要。男性和女性都会体验到关节炎的疼痛，不过男性尸体遭受了更加严重的折磨，尤其是臀部和肘部。他们活得足够长，以至于出现了上述的症状，这恰好证明他们的健康状况良好：导致年轻人死亡的严重疾病不会在骨骼上留下痕迹，而是如雷击般瞬间毁灭曾经健康的身体。

了解伊特鲁里亚死者的途径不仅仅是这种医学导向的研究。当他们的遗骸被放到考古学分析的聚光灯下时，他们的脸庞也会浮现出来。大英博物馆有一具女性尸骨保存在装饰精美的棺材里，她不仅透露了自己生前的故事，还允许人们使用面部重建技术复原她的容貌。塞安提·哈努尼亚·特莱斯纳萨埋葬于公元前 2 世纪，平静的眼神充满了吸引力，就像她的肖像雕塑一样[21]。这尊雕塑在她的棺材顶部，刻画了一位斜靠着宴会躺椅的成熟女性，胳膊支撑在柔软的枕头上。她的脸庞颇为圆润，有着性感的嘴唇、轻微的双下巴和独特的胖鼻头。这是一种标准化的形象，还是棺材里那个女人的本来面貌？当她的五官从重建其面部肌肉的层层黏土中浮现出来时，我们可以清楚地看到，那尊雕塑就是她的肖像。真实的塞安提跟她的雕塑一样脸型圆润、五官独特，二者的相似性非常明显，但是肖像艺术所固有的美化效果也不容忽视。塞安提的雕塑展示了一个风华正茂的美丽女人，而她的脸庞则显得更加苍老。这张脸庞并不像神秘的伊特鲁里亚人或某种来自阴间的恐怖生物，它看起来非常平凡。

如果能够对所有幸存的伊特鲁里亚人头骨进行面部重建，收获肯定很大。不过，尽管看到死者的脸庞可以让我们感受他们的人性，但这并非伊特鲁里亚人的尸体改变我们想法的唯一方式。新的发现源源不断，包括一些尚未遭到破坏的坟墓，里面的尸骨依然保存完好。2015 年年底，考古队在托斯卡纳中部的小镇卡萨尔迪帕利找到了 3 具或甚至 4 具成年人的尸骨[22]。研究者刚刚开始分析这些新发现的伊特鲁里亚人，并重新分析以前挖掘出来的尸骨。3D 打印使这些遗骸可以广泛传播，而基因分析的复杂性和准确性也得到了提高。随着提取古代 DNA 技术的进步，我们或许能够追溯不同坟墓、不同地区乃至不同时间的家族关系。看到母亲、父亲、女儿和儿子之间的联系，我们会明白他们曾经是活生生的人，而不是魔鬼、僵尸或需要解答的问题。

本书开始于一座坟墓，结束于另一座坟墓。遗憾的是，《赤陶棺上的夫妇像》和地狱战车之墓的尸体都早已消失了。我们永远也无法知道埋在下面的那些神秘人物是否跟他们的赤陶雕塑容貌相似，他们是否有过孩子，他们去世的时候是如同肖像一样年轻美丽，还是老态龙钟。但是，我们知道其他伊特鲁里亚人的这些信息，能够由此推测出他们生前和死后的情况。年复一年，我们的知识会不断增加，逐步破解伊特鲁里亚人的神秘传说。新发现或新观点可以给许多重要问题提供答案：也许意大利的土壤底下藏着一块伊特鲁里亚版的罗塞塔石碑，等待我们去挖掘；也许学界会开发出一项基因技术，帮助我们探索伊特鲁里亚人基因组的奥秘，解决有关起源的纷争。

如果你对逝去的古人感兴趣，那么现在就是最好的时代。本书介绍了一个群体的故事和相关研究，他们生活在古罗马之前的意大利，他们的文化属于一个充满多样性和吸引力的世界。伊特鲁里亚人带来的陌生感以及他们与古希腊和古罗马的关系，使他们在历史上获得了独特的地位。本书的开头曾提到，在"失落的文明"和"跟我们一样"的认知之间存在错误的二分法。这两种观点都是站不住脚的。正是熟悉与陌生、怪异与亲切的魅力组合让这个复杂、迷人而又难以捉摸的民族变成了值得研究的对象。尽管坟墓、文献和基因样本都遭到了破坏，但是只要看一眼《赤陶棺上的夫妇像》，神奇的事情就会发生。我们注视着过去，却望见了未来。伊特鲁里亚人促使我们开始思考：我们是谁？我们来自哪里？我们要去向何方？研究他们，就是研究现代世界最重要的问题，并代表他们回答这些问题，因为他们已经无法开口，只是留下了一些物品。有朝一日，研究 21 世纪的考古学家也会面临同样的任务，某种大规模的数字化灾难导致文本荡然无存，他们探索的祖先生活变成了传奇。这并非"失落的文明"，隐藏在扑朔迷离的神话和谣言背后，属于一个埋葬已久的神秘民族。伊特鲁里亚世界就在那里，等待我们去重新发现，通过伊特鲁里亚居民的多彩生活和他们制造的精美物品，揭开它的面纱，而你也可以成为这项伟大事业的一部分。

注　释

[说明]作者在注释中提及了大量文献资料，对于暂无中文译名或译本的著作，其标题及出版信息保留原文，以便于读者查找。

引　言

1. 托马斯·巴宾顿·麦考莱《古罗马谣曲集》（伦敦，1895 年）。

第一章　为什么伊特鲁里亚人很重要？

1. B. Bosio and A. Pugnetti, eds, *Gli Etruschi di Cerveteri, catalogo della mostra* (Modena, 1986); A. Coen, *Complessi tombali di Cerveteri con urne cinerarie tardo-orientalizzanti* (Rome, 1991); M. Cristofani, *Cerveteri:tre itinerari archeologici* (Rome, 1991); G. B. Gianni, ed., *Cerveteri: importazioni e contesti nelle necropoli: una lettura sperimentale di alcune tombe nelle Civiche Raccolte Archeologiche e Nusmismatiche di Milano* (Milan, 2002); R. Marconi Cosentino, *Cerveteri e il suo territorio. Guide*

Territoriali dell'Etruria Meridionale (Rome, 1995).

2. G. Nadalini, "Le mus é e Campana: origine et formation des collections", in *L'anticomanie: La collection d'antiquités aux 18e et 19e siècles. Colloque international, Montpellier-Lattes, 9–12 juin 1988*, ed. A. Laurens (Paris, 1992), pp. 111‒23.

3. D. Magri and L. Sadori, "Late Pleistocene and Holocene Pollen Stratigraphy at Lago di Vico, Central Italy", *Vegetation History and Archaeobotany*, 8 (1999), pp. 247‒60. L. Sadori et al., "Reconstructing Past Cultural Landscape and Human Impact Using Pollen and Plant Macroremains", *Plant Biosystems*, 144 (2010), pp. 940‒51; C. Bellini et al., "Plant Gathering and Cultivation in Prehistoric Tuscany (Italy)", *Vegetation History and Archaeobotany*, 17 (2008), pp. 103‒12.

4. M. Mariotti Lippi et al., "Archaeobotanical Investigations into an Etruscan Farmhouse at Pian d'Alma (Grosseto, Italy)", *Atti della Societa Toscana di Scienza Naturale*, 109 (2003), pp. 159‒65.

5. See G. Barker, "Archaeology and the Etruscan Countryside", *Antiquity*, 62 (1988), pp. 772‒8, and G. Barker, "The Archaeology of the Italian Shepherd", *Proceedings of the Cambridge Philological Society* (New Series), 35 (1989), pp. 1‒19; T. W. Potter, *The Changing Landscape of South Etruria* (London, 1979); J. B. Ward-Perkins, "Etruscan Towns, Roman Roads and Medieval Villages: The Historical Geography of Southern Etruria", *Geographical Journal*, 128 (1962), pp. 389‒404; P. Perkins and I. Attolini, "An Etruscan Farm at Podere Tartuchino", *Papers of the British School at Rome*, 60 (1992),

pp. 71 – 134, chronicles the excavation of a rare Etruscan farmstead at Podere Tartuchino.

6. 关于台伯河三角洲的沉积，参见 J. P. Goiran et al., "Geoarchaeology Confirms Location of the Ancient Harbour Basin of Ostia (Italy)", *Journal of Archaeological Science*, 41 (2014), pp. 389 – 98。

第二章　故乡在何方？

1. 关于意大利新石器时代的丧葬习俗，参见 J. Robb, *The Early Mediterranean Village: Agency, Material Culture, and Social Change in Neolithic Italy* (Cambridge, 2007), p. 60, 以及 J. Robb, "Burial and Social Reproduction in the Peninsular Italian Neolithic", *Journal of Mediterranean Archaeology*, 7 (1994), pp. 27 – 71。

2. A. Barra et al., "La Grotta Continenza di Trasacco. I livelli e le ceramiche", *Rivista di scienze preistoriche*, 42 (1989), pp. 31 – 100.

3. V. Pesce Delfino et al., "Tomba megalitica in camera del iii millenio in Rutigliano (Bari): triplice deposizione", *Antropologia Contemporanea*, 2 (1979), pp. 453 – 7.

4. G. A. Piga et al., "Anthropological and Physicochemical Investigation of the Burnt Remains of Tomb ix in the 'Sa Figu' Hypogeal Necropolis (Sassari, Italy) – Early Bronze Age", *International Journal of Osteoarchaeology*, 18 (2008), pp. 167 – 77.

5. G. Bartolini, *Le urne a capanna rinvenute in Italia* (Rome, 1987); R. Leighton,

"House Urns and Etruscan Tomb Painting: Tradition Versus Innovation in the Ninth – Seventh Centuries BC", *Oxford Journal of Archaeology*, 24 (2005), pp. 363 – 80.

6. A. Boethius, R. Ling and T. Rasmussen, eds, *Etruscan and Early Roman Architecture* (New Haven, ct, 1978).

7. H. G. Harke, *Settlement Types and Settlement Patterns in the West Hallstatt Province: An Evaluation of Evidence from Excavated Sites* (Oxford, 1979); N. Roymans, "The Cultural Biography of Urnfields and the Long–term History of a Mythical Landscape", *Archaeological Dialogues*, 2 (1995), pp. 2 – 24; H. Fokkens, "The Genesis of Urnfields: Economic Crisis or Ideological Change?", *Antiquity*, 71 (1997), pp. 360 – 73.

8. A. Fioravanti et al., *L' abitato villanoviano del Gran Carro sommerso nel lago di Bolsena* (1959 – 1977) (Rome, 1977).

9. A. Comella, *Il deposito votivo presso l'Ara della Regina. Materiali del Museo Archeologico Nazionale di Tarquinia* (Rome, 1982). 关于塔尔奎尼亚，如需了解更多，请参阅玛利亚·邦吉·乔文诺的作品集：M. Bonghi Jovino, "Gli scavi nell" abitato di Tarquinia e la scoperta dei "bronzi" in un preliminare inquadramento', in *Tarquinia-ricerche, scavi e prospettive: Atti del convegno internazionale di studi La Lombardia per gli Etruschi*, ed. M. Bonghi Jovino and C. Chiaramonte Trerè (Milan, 1986), pp. 59 – 77; M. Bonghi Jovino, *Tarquinia: scavi sistematici nell'abitato, campagne 1982–1988: i materiali* (Rome, 2001); M. Bonghi Jovino, "The Tarquinia Project: A Summary of 25 Years of Excavation", *American Journal of Archaeology*, 114

(2010), pp. 161 - 80。

10. 希罗多德《历史》1.96；另见 R. Drews, "Herodotus 1.94, the Drought ca. 1200 BC, and the Origin of the Etruscans", *Historia: Zeitschrift fur Alte Geschichte*, 41 (1992), pp. 14 - 39; R.S.P. Beekes, *The Origin of the Etruscans* (Amsterdam, 2008)。

11. 李维《罗马史》卷 5。

12. 老普林尼《博物志》卷 7:2；另见 C. Gabli, "Pliny the Elder on the Etruscans", *Acta Ant Hung*, 52 (2012), pp. 137 - 63。

13. 塔西佗《编年史》卷 7。

14. 同上，卷 1:30。

15. 塔西佗《历史》卷 5。

16. H. C. Winther, "Princely Tombs of the Orientalizing Period in Etruria and Latium Vetus", in *Urbanization in the Mediterranean in the 9th to 6th Centuries BC*, ed. H. Damgaard Andersen (Copenhagen, 1997), pp. 423 - 46.

17. J. P. Oleson, "Technical Aspects of Etruscan Rock-cut Tomb Architecture", *Römische Mitteilungen*, 85 (1978), pp. 283 - 314; V. Izzet, "Engraving the Boundaries: Exploring Space and Surface in Etruscan Funerary Architecture", in *Approaches to the Study of Ritual: Italy and the Ancient Mediterranean*, ed. J. Wilkins (London, 1996), pp. 55 - 72.

18. D. Ridgway, "George Dennis and the Etruscans", *Antiquity*, 48 (1974), pp. 190 - 95; D. E. Rhodes, *Dennis of Etruria: The Life of George Dennis* (London, 1973).

19. C. Denina, *Delle rivoluzioni d'Italia libri ventiquattro* (Rome, 1769).

20. G. Q. Giglioli, *L'arte etrusca* (Milan, 1935).

21. M. Pallottino, "Sulle facies culturali arcaiche dell'Etruria", *Studi Etruschi*, 13 (1939), p. 86.

22. P. Francalacci et al., "Sequence Diversity of the Control Region of Mitochondrial DNA in Tuscany and its Implications for the Peopling of Europe", *American Journal of Physical Anthropology*, C/4 (1996), pp. 443‑60.

23. B. A. Malyarchuk and I. B. Rogozin, "On the Etruscan Mitochondrial DNA Contribution to Modern Humans", *American Journal of Human Genetics*, LXXV/5 (2004), pp. 920‑23.

24. M. Pellecchia et al., "The Mystery of Etruscan Origins: Novel Clues from Bos Taurus Mitochondrial DNA", *Proceedings of the Royal Society of London B: Biological Sciences*, 274 (2007), pp. 1175‑9.

25. A. Achilli et al., "Mitochondrial DNA Variation of Modern Tuscans Supports the Near Eastern Origin of Etruscans", *American Journal of Human Genetics*, LXXX (2007), pp. 759‑68.

26. 菲利普·珀金斯详细讨论了这些遗传研究的问题: P. Perkins, "DNA and Etruscan Identity", in *Etruscan by Definition: Papers in Honour of Sybille Haynes*, ed. P. Perkins and J. Swaddling (London, 2009), pp. 95‑112.

27. 这些数据是开放的, 请参阅 S. Ghirotto et al., "Origins and Evolution of the Etruscans' mtDNA", *PloS One*, VIII /2 (2013)。

第三章　鸵鸟蛋与东方梦

1. A. M. Moretti Sgubini, Vulci e il suo territorio (Rome, 1993); "Scoperte e iniziative in Etruria Meridionale", *Etruscan Studies*, 9 (2002), pp. 133 - 52; "Alle origini di Vulci", in *Archeologia in Etruria meridionale*, ed. M. Pandolfini Angeletti (Rome, 2006), pp. 317 - 61. 关于 19 世纪末考古挖掘的经典描述，参见 Vulci is S. Gsell, *Fouilles dans la nécropole de Vulci* (Paris, 1891)。

2. 大英博物馆的网站（www.britishmuseum.ac.uk）对这座坟墓及其文物和历史提供了精彩的介绍。

3. S. Haynes, "The Isis Tomb: Do its Contents Form a Consistent Group?", in *La civilta arcaica di Vulci e la sua espressione: Atti del X convengo di Studi Etruschi ed Italichi*, ed. A. Neppi Modona (Florence, 1977), pp. 17 - 30, 考察了这些收藏品，并评估了它们出自同一座坟墓的可能性。

4. 关于这个重要时期的最新综合著作是 C. Riva, *The Urbanisation of Etruria: Funerary Practices and Social Change, 700–600 BC* (Cambridge, 2010)，另见 A. Naso, "The Etruscan Aristocracy in the Orientalizing Period: Culture, Economy, Relations", in *The Etruscans*, ed. M. Torelli (London, 2001), pp. 111 - 29。关于更大范围内地中海地区的情况，参见 A. C. Gunter, "Orientalism and Orientalization in the Iron Age Mediterranean", in *Critical Approaches to Ancient Near Eastern Art*, ed. B. Brown and M. Feldman (New York, 2013), pp. 78 - 108；关于希腊的情况，参见 A. C. Gunter, Greek Art and the Orient (Cambridge, 2009), and W. Burkert and M.

E. Pinder, *The Orientalizing Revolution: Near Eastern Influence on Greek Culture in the Early Archaic Age* (Boston, MA, 1995)。

5. T. Rasmussen, "Urbanization in Etruria", in *Mediterranean Urbanization, 800–600 BC*, ed. R. Osborne and B. Cunliffe (Oxford, 2005), pp. 71‐90. H. Damgaard Andersen, "The Archaeological Evidence for the Development of the Etruscan City in the 7th to 6th centuries BC", in *Urbanization in the Mediterranean in the 9th to 6th Centuries BC*, ed. H. Damgaard Andersen (Copenhagen, 1997), pp. 343‐82.

6. S. W. Silliman, "Culture Contact or Colonialism? Challenges in the Archaeology of Native North America", *American Antiquity*, LXX (2005), pp. 55‐74 研究了北美考古学中的接触与剥削。L. Tuhiwai Smith, *Decolonizing Methodologies: Research and Indigenous Peoples* (London, 1999) 考察了这种剥削行为对科研实践造成的深远影响。

7. 林·福克斯豪将其解释为"对事物的渴望，尤其是对外来事物的渴望，这些事物向消费者及其社交圈传达了意义"，参见 L. Foxhall, "Village to City: Staples and Luxuries? Exchange Networks and Urbanization", in *Mediterranean Urbanization, 800–600 BC*, pp. 233‐48。

8. R. Tykot, "Sea Peoples in Etruria? Italian Contacts with the Eastern Mediterranean in the Late Bronze Age", *Etruscan Studies*, I (1994), pp. 59‐83.

9. E. Said, *Orientalism* (London, 1978), and "Representing the Colonized: Anthropology's Interlocutors", *Critical Inquiry*, XV (1989), pp. 205‐25.

10. A. Schom, *Napoleon Bonaparte: A Life* (London, 1998) 提供了拿破仑的精彩传记，关于其掌权过程的编年记录参见 R. Asprey, *The Rise of Napoleon*

Bonaparte (London, 2000)。这两本书都考察了吕西安与他哥哥的关系。

11. 吕西安·波拿巴按照年代顺序记录了他发现的伊特鲁里亚文物，参见 他 撰 写 的 *Catalogo di scelte antichità Etrusche trovate negli scavi del principe di Canino*, 1828 - 1829 (Rome, 1829)。关于这些文物的发现背景，参见近年的一份展览目录：G. M. Della Fina, ed., *Citazioni archeologiche: Luciano Bonaparte archeologo, catalogo della Mostra, Orvieto, Museo Claudio Faina, 10 settembre 2004–9 gennaio 2005* (Rome, 2004)。

12. 关于拿破仑的埃及战役，参见 P. Strathern, *Napoleon in Egypt: 'The Greatest Glory'* (London, 2008)。关于这些战役对古埃及学产生的影响，参见 D. M. Reid, *Whose Pharaohs? Archaeology, Museums, and Egyptian National Identity from Napoleon to World War I* (Berkeley, CA, 2002)。

13. 关于拿破仑时代的背景与考古学，参见 S. Woolf, "The Construction of a European World-view in the Revolutionary-Napoleonic Years", *Past and Present*, CXXXVII (1992), pp. 72 - 101。M. Diaz-Andreu, "Guest Editor's Introduction: Nationalism and Archaeology", *Nations and Nationalism*, VII (2001), pp. 429 - 440，该书详细探讨了 19 世纪的民族主义、启蒙运动与考古学。

14. 这个观点由丹尼斯提出："毋庸置疑，伊特鲁里亚人的政治制度、宗教组织、社交礼仪、家庭规则以及许多艺术作品都具有东方特征，他们的历史遗迹充分体现了这种关系。"参见 G. Dennis, *The Cities and Cemeteries of Etruria* (London, 1889), p. 38。

15. 如今，在分析这些坟墓时，依然会用到"王室"这个词，只是必须加上引号，例如：G. Bartoloni, ed., *Principi etruschi tra Mediterraneo ed*

Europa (Milan, 2000), and V. Belleli, "La tomba 'principesca' dei Quattordici Ponti nel contesto di Capua arcaica", *Studia Archaeologica*, CXLⅡ (2006), p. 174。

16. C. Smith, *The Roman Clan: The Gens from Ancient Ideology to Modern Anthropology* (Cambridge, 2006) 立足于古罗马早期的相关背景，研究精英阶层与家族对国家形成产生的影响。

17. K. Kreindler, *Consumption and Exchange in Central Italy in the Ninth through Sixth Centuries BCE* (Stanford, CA, 2015).

第四章　陶器与偏见

1. D. Paleothodoros, "Archaeological Contexts and Iconographic Analysis: Case Studies from Greece and Etruria", in *The World of Greek Vases*, ed. V. Nørskov, L. Hannestad, C. Isler-Kerényi and S. Lewis (Rome, 2008), pp. 45 - 62, esp. p. 50 广泛考察了古希腊陶器并支持这一结论。

2. 关于丘西的考古挖掘史，参见 M. Iozzo, *Materiali dimenticati, memorie recuperate: restauri e acquisizioni nel Museo Archeologico Nazionale di Chiusi* (Chiusi, 2007); G. Paolucci, *Documenti e memorie sulle antichità e il Museo di Chiusi* (Pisa, 2005)。

3. R. d'Arezzo, *La composizione del mondo di Ristoro d'Arezzo: testo italiano del 1282* (Rome, 1872), p. 137.

4. G. Bartoloni and P. Bocci Pacini, "The Importance of Etruscan Antiquity in the Tuscan Renaissance", *Acta Hyperborea: Danish Studies in Classical Archaeology*, 10 (2003), pp. 449 - 72; G. Cipriani, *Il mito etrusco nel*

rinascimento fiorentino (Florence, 1980), p. 17.

5. A. M. Galdy, *Cosimo i de' Medici as Collector: Antiquities and Archaeology in Sixteenth-century Florence* (Cambridge, 2009), p. 42.

6. 关于瓜尔纳奇博物馆的重要性，参见 C. Duggan in *The Force of Destiny: A History of Italy Since 1796* (London, 2008), p. 29。

7. J. J. Winckelmann, *Histoire de l'art chez anciens* (Paris, 1802).

8. J. J. Winckelmann and A. Potts, *The History of the Art of Antiquity* (Los Angeles, CA, 2006).

9. V. Izzet, "Greeks Make It; Etruscans Fecit: The Stigma of Plagiarism in the Reception of Etruscan Art", *Etruscan Studies*, X (2007), pp. 223‑37，详细考察了温克尔曼与伊特鲁里亚艺术的关系。

10. J. J. 温克尔曼，转引自 V. Izzet, 同上 , p. 227。

11. 同上，p.222。

12. P. H. d'Hancarville, *Collection of Etruscan, Greek, and Roman Antiquities from the Cabinet of the Hon. W. Hamilton his Britannick Maiesty's Envoy Extraordinary at the Court of Naples* (London, 1766).

13. 研究古希腊陶器的著作数量众多且非常有趣，B. Sparkes, *The Red and the Black: Studies in Greek Pottery* (London, 2013) 是一个不错的起点。当然，20 世纪的陶器研究巨擘是伟大的约翰·比兹利爵士，他的代表作有 J. D. Beazley, *Attic Red-figure Vase-painters* (Oxford, 1963) 以及 J. D. Beazley, *Attic Black-figure Vase-painters* (Oxford, 1978)。

14.《狄俄尼索斯颂歌》，第6—8节。修昔底德《伯罗奔尼撒战争史》(1.5.1) 也把伊特鲁里亚人描写成了海盗。

15. 希罗多德《历史》1.166—7。

16. J. Boardman, *The Greeks Overseas* (Oxford, 1964), pp. 210‑11 表达了对所有伊特鲁里亚事物的强烈反感。

17. 这种观点可以在古典文献中找到源头。西西里的狄奥多罗斯（《历史丛书》5.40.3）热情地谈论了伊特鲁里亚的丰富物产，而李维则提到伊特鲁里亚城市向发生饥荒的罗马提供粮食（《罗马史》9.41.5 和 28.45.15 ）。P. Bernardini and G. Camporeale, *The Etruscans Outside Etruria* (Los Angeles, ca, 2004), p. 33 一书中指出 "该地区充足的原始资源是伊特鲁里亚人通过陆地和海洋进行频繁贸易活动的推动力"。

18. 这种观点是从语言学证据发展而来的，参见 F. Adratos, "More on Etruscan as an IE−Anatolian Language", *Historische Sprachforschung/ Historical Linguistics*, 107 (1994), pp. 54‑76, 以及 C. de Simone, "La Nuova Iscrizione 'Tirsenica' di Lemnos (Efestia, teatro): considerazioni generali", *Rasenna: Journal of the Center for Etruscan Studies*, Ⅲ (2011), pp. 1‑34。

19. 关于马赛地区，参见 M. Bats, "Marseille archaïque. Étrusques et Phocéens en Méditerranée nord-occidentale", *Mélanges de l'Ecole française de Rome, Antiquité*, 110 (1998), pp. 609‑33; M. Dietler, *Archaeologies of Colonialism: Consumption, Entanglement, and Violence in Ancient Mediterranean France* (Berkeley, CA, 2010) 该书探索了伊特鲁里亚在更加广泛的法国南部地区的影响。

20. K. Lomas, "Beyond Magna Graecia: Greeks and Non−Greeks in France, Spain and Italy", in *The Blackwell Companion to the Ancient World*, ed. K. Kinzi (London, 2006), pp. 174‑96, esp. p. 184，概括了古希腊商人和伊特鲁里

亚商人在西班牙的贸易活动。

21. 关于康塔罗斯杯，参见 H.A.G. Brijder, "The Shapes of Etruscan Bronze Kantharoi from the Seventh Century BC and the Earliest Attic Blackfigure Kantharoi", *BaBesch*, LXⅢ (1988), pp. 103－14。关于古希腊地区的伊特鲁里亚形制陶器，参见 T. Rasmussen, "Etruscan shapes in Attic Pottery", *Antike Kunst*, XXⅧ (1985), pp. 33－9。

22. 尼克斯典内斯是许多著作研究的对象，他很早就因为个人签名而受到了关注。参见 See J. D. Beazley, *Greek Vases: Lectures by J. D. Beazley* (Oxford, 1989), p. 9。

23. 这种形状似乎源于克里特岛，参见 M. Popham, "The Late Minoan Goblet and Kylix", Annual of the British School at Athens, 64 (1969), pp. 299－304。

24. V. Izzet, "Greeks Make It; Etruscans Fecit", p. 217.

25. 关于布凯罗黑陶的经典著作有 T. Rasmussen, *Bucchero Pottery from Southern Etruria* (Cambridge, 2006) 以及 A. Camerini, *Il bucchero etrusco* (Rome, 1985)。

26. C. Roth-Murray, *A Disclosure of Power: Elite Etruscan Iconography During the 8th–6th Centuries BC* (Oxford, 2005).

第五章　超级富豪与隐形穷人

1. F. Fulminante, *The Urbanisation of Rome and Latium Vetus: From the Bronze Age to the Archaic Era* (Cambridge, 2014) 福尔敏南特在研究古拉丁姆地区的著作中对这些研究做出了最新、最好的总结，并收录了伊特鲁里亚的数据进行比较。

2. 这 些 数 字 摘 自 S. Steingraber, "The Process of Urbanization of Etruscan Sett–lements from the Late Villanovan to the Late Archaic Period", *Etruscan Studies*, Ⅷ (2001), pp. 7–34, 数字见第 14 页。

3. 例子可参见 P. Perkins and I. Attolini, "Podere Tartuchino" (1992); V. Izzet, The Archaeology of Etruscan Society (Cambridge, 1997) 批评了伊特鲁里亚坟墓研究占主导地位的现象，但是在今后的很长一段时间，这种证据上的不平衡似乎会继续影响伊特鲁里亚考古学。

4. A. S. Tuck, *The Necropolis of Poggio Civitate (Murlo): Burials from Poggio Aguzzo* (Rome, 2011).

5. 关于比安奇·班迪内利，参见 M. Barbanera, *Ranuccio Bianchi Bandinelli e il suo mondo* (Bari, 2000) 以及 *Ranuccio Bianchi Bandinelli: biografia ed epistolario di un grande archeologo* (Milan, 2003)。这个可疑的故事是当地的考古传说。

6. 关于铁器时代的奇维塔特山丘留下的痕迹，参见 A. S. Tuck et al., *The Iron Age at Poggio Civitate: Evidence and Argument* (American Institute of Archaeology Annual Meeting, 2012)。

7. N. Winter, "Commerce in Exile: Terracotta Roofing in Etruria, Corfu and Sicily, a Bacchiad Family Enterprise", *Etruscan Studies*, Ⅸ (2002), pp. 227–38; N. Winter, *Symbols of Wealth and Power: Architectural Terracotta Decoration in Etruria and Central Italy, 640–510 BC* (Rome, 2010). 另见 P. S. Lulof, "Archaic Terracotta Acroteria Representing Athena and Heracles: Manifestations of Power in Central Italy", *Journal of Roman Archaeology*, ⅩⅢ (2000), pp. 207–19。

8. 关于这个东方化时期的建筑群，参见 A. S. Tuck and E. Nielsen, "An Orientalizing Period Complex at Poggio Civitate (Murlo): A Preliminary View", *Etruscan Studies*, Ⅷ (2001), pp. 35 - 64。

9. 新的象牙饰板依然在不断出土，有些还刻着重要的铭文。参见 A. S. Tuck and R. Wallace, "A 'New' Inscribed Plaque from Poggio Civitate (Murlo)", *Etruscan Studies*, ⅩⅤ (2012), pp. 1 - 17；关于布凯罗陶器，参见 J. Berkin, *The Orientalizing Bucchero from the Lower Building at Poggio Civitate (Murlo)* (Philadelphia, PA, 2004); E. Nielsen, "Bronze Production at Poggio Civitate (Murlo)", Etruscan Studies, Ⅴ (1998), pp. 95 - 108 考察了奇维塔特山丘的青铜器制造。

10. 详见 A. S. Tuck and R. Wallace, "Letters and Non-alphabetic Characters on Roof Tiles from Poggio Civitate (Murlo)", *Etruscan Studies*, ⅩⅥ (2013), pp. 210 - 62。

11. 这段关于火灾的描述摘自 A. S. Tuck and E. Nielsen, "The Chronological Implications of Reliefware Bucchero at Poggio Civitate", *Etruscan Studies*, Ⅺ (2008), pp. 49 - 66。

12. 关于这座大型建筑的出土过程，详见 K. M. Phillips in *In the Hills of Tuscany: Recent Excavations at the Etruscan Site of Poggio Civitate (Murlo, Siena)* (Philadelphia, PA, 1993)。

13. 李维曾多次提到伊特鲁里亚联盟，参见《罗马史》1.8.3、4.23.4、4.61.2、5.1.5、5.33.9 - 10。

14. K. M. Phillips, "Italic House Models and Etruscan Architectural Terracottas of the Seventh Century BC from Acquarossa and Poggio Civitate, Murlo",

Analecta Romana Instituti Danici, XIV (1985), pp. 7 - 16, 尤其是第 14 页；I. Edlund-Berry, "Ritual Destruction of Cities and Sanctuaries: The 'Un-founding' of the Archaic Monumental Building at Poggio Civitate (Murlo)", in *Murlo and the Etruscans: Art and Society in Ancient Etruria*, ed. R. De Puma and J. P. Small (Madison, WI, 1994), pp. 16 - 28; J. M. Turfa and A. G. Steinmayer, "Interpreting Early Etruscan Structures: The Question of Murlo", *Papers of the British School at Rome*, 70 (2002), pp. 1 - 28.

15. A. S. Tuck, "Manufacturing at Poggio Civitate: Elite Consumption and Social Organization in the Etruscan Seventh Century", *Etruscan Studies*, XVII (2014), pp. 121 - 39, 分析了精英阶层控制该地区生产行业的证据。

16. 关于骨骼考古学的研究，参见 S. W. Kansa and Mackinnon, "Etruscan Economics: Forty-five Years of Faunal Remains from Poggio Civitate", *Etruscan Studies*, XVII (2014), pp. 63 - 87。

17. 这是奥多诺霍提出的观点，参见 E. O'Donoghue in "The Mute Statues Speak: The Archaic Period Acroteria from Poggio Civitate (Murlo)", *European Journal of Archaeology*, XVI (2013), pp. 268 - 88。

18. 关于这把椅子，参见 P. Von Eles, ed., *Guerriero e sacerdote: autorità e comunità nell'età del ferro a Verucchio: la tomba del Trono* (Florence, 2002) 中收录的论文。

19. 关于这块饰板的详细信息，参见 M. C. Root, "An Etruscan Horse Race from Poggio Civitate", *American Journal of Archaeology*, LXXVII (1973), pp. 121 - 37。

20. P. J. Holliday, "Processional Imagery in Late Etruscan Funerary Art",

American Journal of Archaeology, ⅩCⅣ (1990), pp. 73‐90 从更大范围上考察了伊特鲁里亚各地的游行图案。

21. A. S. Tuck, "The Social and Political Context of the 7th Century Architectural Terracottas from Poggio Civitate (Murlo)", in *Deliciae Fictiles III: Architectural Terracottas in Ancient Italy: New Discoveries and Interpretations: Proceedings of the International Conference held at the American Academy in Rome, November 7–8*, ed. I. Edlund–Berry and G. Greco (Oxford, 2002), pp. 130‐35 提出了这个观点。

22. A. S. 塔克等描述了在穆尔洛维斯科瓦多的发现，参见 A. S. Tuck et al., "Centre and Periphery in Inland Etruria: Poggio Civitate and the Etruscan Settlement in Vescovado di Murlo", *Etruscan Studies*, ⅩⅡ (2007), pp. 215‐40。

23. 这个阶段的挖掘情况详见 Tuck, "Manufacturing at Poggio Civitate"。

24. A. S. Tuck and L. Shipley, "Poggio Civitate: Exploring Etruscan Enigmas on the Plain of Treasures", *Current World Archaeology*, 67 (2014), pp. 26‐31 研究了关于这些发现的问题。

25. 笔者有幸在首次挖掘结束时到达现场。

26. 这个比例出自 M. Golden, "Did the Ancients Care When Their Children Died?", *Greece and Rome*, ⅩⅩⅩⅤ (1988), pp. 152‐63, esp. p. 155。

27. M. Liston and S. Rostroff, "Babies in the Well: Archaeological Evidence for Newborn Disposal in Hellenistic Greece", in *The Oxford Handbook of Childhood and Education in the Classical World*, ed. J. Evans Grubbs and T. Parkin (Oxford, 2013), pp. 62‐81.

28. 出自 A. S. 塔克写给笔者的私人信件。

29. 详见 A. S. Tuck et al., "2015 Excavations at Poggio Civitate and Vescovado di Murlo", *Etruscan Studies*, ⅩⅨ (2016), pp. 87–148。

第六章　生为女人

1. 关于服饰问题，参见 L. Bonfante, *Etruscan Dress* (New York, 1975)。

2. B. Sandhoff, "Sexual Ambiguity? Androgynous Imagery in Etruria", *Etruscan Studies*, ⅩⅣ (2011), pp. 71–96.

3. M. Conkey and J. Spector, "Archaeology and the Study of Gender", *Advances in Archaeological Method and Theory*, Ⅶ (1984), pp. 1–38.

4. 这一批评来自 R. Pope and I. Ralston, "Approaching Sex and Status in Iron Age Britain with Reference to the Nearer Continent", in *Communicating Identity in Italic Iron Age Communities*, ed. H. W. Horsnaes (Oxford, 2011), pp. 26–32。

5. 这项出色的研究即 J. Toms, "The Construction of Gender in Early Iron Age Italy", in *Gender and Italian Archaeology: Challenging the Stereotypes*, ed. R. Whitehouse (Oxford, 1998), pp. 157–79。

6. 关于这项发现的意大利语和英语报道，参见 M. Gasperetti, "Tarquinia, scoperta tomba inviolata", *Corriere della Sera* (21 September 2013); M. Gasperetti, "Tarquinia, il risveglio del principe etrusco", *Corriere della Sera* (22 September 2013); 以及 N. Squires, "Italian Archaeologists Hail Discovery of Etruscan Warrior Prince's Tomb", *Daily Telegraph* (23 September 2013)。

7. A. Pinna, "E di una donna lo scheletro trova alla Doganaccia", *Viterbo News*

(26 September 2013); 以及 T. Ghose, "Oops! Etruscan Warrior Prince Really a Princess", *Live Science* (18 October 2013) 报道了这个观点的改变。

8. 这 个 词 出 现 在 A. Mandolesi, "Tomb 6423: The Tomb of the Hanging Aryballos, Tarquinia", Etruscan News, 16 (2014), pp. 1, 6‑7, 引用部分见第 7 页。它否定了女性作为纺织品生产者的生活复杂性，相关研究见 M. Gleba, "Textile Tools as Indicators of Female Identity in Early Iron Age Italy", in *Communicating Identity in Italic Iron Age Communities*, pp. 26‑32。

9. L. Bonfante, "Etruscan Couples and Their Aristocratic Society," *Women's Studies*, Ⅷ (1981), pp. 157‑87.

10. G. Bonfante and L. Bonfante, *The Etruscan Language* (Manchester, 2002), p. 89.

11. 关于以男性为中心的古典希腊社会，E. Keuls, *The Reign of the Phallus: Sexual Politics in Ancient Athens* (Berkeley, CA, 1993) 或许提供了最生动的描述。

12. 关于古罗马女性的生活，参见 L. Allason Jones, *Women in Roman Britain* (London, 1989); J. F. Gardner, *Women in Roman Law and Society* (Bloomington, in, 1991); E. D'Ambra, *Roman Women* (Cambridge, 2007)。

13. 李维《罗马史》卷 1:57。

14. C. Claassen, "The Familiar Other: The Pivotal Role of Women in Livy's Narrative of Political Development in Early Rome", *Acta Classica*, XLI (1998), pp. 71‑103 更加详细地探索了女性在李维的道德观构建中发挥的作用。

15. 李维《罗马史》卷 1:46‑8。

16. 关于塔娜奎尔，详见 G. Meyers, "Tanaquil: The Conception and Construc‑

tion of an Etruscan Matron", in *A Companion to the Etruscans*, ed. S. Bell and A. Carpino (New York, 2015), pp. 305‑21。作者详细探索了这些刻板印象。

17. J. Hallett, *Fathers and Daughters in Roman Society: Women and the Elite Family* (Princeton, NJ, 2014), pp. 70‑74 从古罗马理想的父女关系出发，详细分析了图利娅的故事。

18. G. Boccaccio, *De mulieribus claris*, trans. V. Brown (Boston, MA, 2001).

19. N. Goldstone, *Joanna: The Notorious Queen of Naples, Jerusalem and Sicily* (London, 2010) 提供了一份关于那不勒斯女王乔万娜的详细传记。

20. 这一观点的最早提出见于 W. Godshalk, "Livy's Tullia: A Classical Prototype of Lady Macbeth", *Shakespeare Quarterly*, XVI (1965), pp. 240‑41。最近这一观点又出现在 J. M. Philo, "Shakespeare's Macbeth and Livy's Legendary Rome", *Review of English Studies*, X (2015), pp. 89‑96, 文中涉及了莎士比亚与佩因特的关系。

第七章　安稳如房屋

1. 该标题即 S. von Cles‑Reden's *The Buried People: A Study of the Etruscan World* (London, 1955)。

2. 关于伊特鲁里亚考古学界过度关注墓葬的问题，参见 V. Izzet, *The Archaeology of Etruscan Society* (Cambridge, 2007), p. 90 以及 H. Damgaard Andersen, "The Archaeological Evidence for the Development of the Etruscan City in the 7th to 6th centuries BC", in *Urbanization in the Mediterranean in the 9th to 6th centuries BC*, ed. H. Damgaard Andersen (Copenhagen, 1997),

pp. 343 – 82。

3. 近年来，学者对当地遗址的铭文进行分析，才发现了这座城市的名字，参见 E. Govi, "Marzabotto", in *The Etruscan World*, ed. J. M. Turfa (London, 2015), pp. 291 – 4, analysis on p. 291; E. Govi and G. Sassatelli, *Marzabotto: la casa 1 della regio 4, insula 2* (Bologna, 2010), p. 34。关于该遗址出土的铭文，参见 G. Sassatelli and D. Briquel, *Iscrizioni e graffiti della città etrusca di Marzabotto* (Bologna, 1994)。

4. 关于马尔扎博托的毁灭和凯尔特人的扩张，参见 O. Buchsenschutz et al., "The Golden Age of the Celtic Aristocracy in the Fourth and Third Centuries BC", *Annales: Histoire, Sciences Sociales*, 67 (2012), pp. 185 – 215. 另见 P. B. Ellis, *Celt and Roman: The Celts of Italy* (London, 1998)。

5. E. Govi, ed., Marzabotto: *una città etrusca* (Bologna, 2007), 其中 Govi's "Marzabotto" 提供了马尔扎博托的概况。D. Vitali et al., *L'acropoli della città etrusca di Marzabotto* (Bologna, 2001) 描述了卫城区域的考古挖掘工作。G. A. Mansuelli, "Marzabotto: Dix années de fouilles et recherches", *Mélanges de l'ecole Française de Rome antiquité*, L X X X Ⅳ (1972), pp. 111 – 44 总结了 20 世纪 60 年代和 70 年代初在城区的考古挖掘工作。G. Baldoni, *La ceramica attica dagli scavi ottocenteschi di Marzabotto* (Bologna, 2009) 介绍了当地考古挖掘的一些背景。

6. E. Govi and G. Sassatelli, "Cults and Foundation Rites in the Etruscan City of Marzabotto", in *Etrusco Ritu: Case Studies in Etruscan Ritual Behaviour*, ed. L. B. van der Meer (Leiden, 2010), pp. 17 – 27.

7. P. Allison, "Using the Material and Written Sources: Turn of the Millennium

Approaches to Roman Domestic Space", *American Journal of Archaeology*, 105 (2001), pp. 181‐206, esp. p. 186 注意到了这些名词的性质问题：类似于"列柱廊"的术语在罗马学者的笔下并非普遍适用，很可能反映了当地人对房屋的描述。

8. L. Donati, *La casa dell'impluvium: architettura etrusca a Roselle* (Rome, 1994)。

9. 关于提尼亚神庙，详见 J. P. Baronio, "Un architetto per il tempio di Tina a Marzabotto. Studio dell'antico procedimento geometrico-proporzionale utilizzato nel progetto del tempio urbano della città etrusca di Kainua", *Ocnus*, 20 (2012), pp. 9‐32 以及 D. Vitali, "Le téménos de Tina de la ville étrusque de Marzabotto: entre données de fouilles, hypothèses et certitudes", in *L'âge du fer en Europe: mélanges offerts à Olivier Buchsenschutz*, ed. S. Krausz et al. (Bordeaux, 2013), pp. 583‐94。

10. G. Sassatelli and E. Govi, *Marzabotto: la casa 1 della regio 4, insula 2*, p. 30.

11. 这是萨沙泰利和戈维提出的观点，他们的结论非常贴合本章的内容："这座神庙……是一个全体市民集会的社交和宗教场所。"同上，第36页。

12. 同上，第27页。

13. G. Sassatelli and E. Govi, *Culti, forma urbana e artigianato a Marzabotto. Nuove prospettive di ricerca: Atti del Convegno di Studi Bologna, S. Giovanni in Monte 3–4 giugno 2003* (Bologna, 2005), pp. 47‐55.

14. 柏拉图《理想国》433a‐433b。

15. 亚里士多德《政治学》2: 1267b。

16. 关于希波达莫斯作为城市规划师的更多信息，参见 A. Burns, "Hippodamus and the Planned City", *Historia: Zeitschrift für Alte Geschichte*, 4 (1976), pp. 414‑28。D. W. Gill, "Hippodamus and the Piraeus", *Historia: Zeitschrift für Alte Geschichte*, 55 (2006), pp. 1‑15，研究了他在比雷埃夫斯的作品，而 J. C. Hogan, "Hippodamus on the Best Form of Government and Law", *Political Research Quarterly*, 12 (1956), pp. 763‑83呈现了作为政治哲学家的希波达莫斯。R. Paden, "The Two Professions of Hippodamus of Miletus", *Philosophy & Geography*, IV (2001), pp. 25‑48 有力地指出，只有理解希波达莫斯作为城市规划师和政治哲学家的双重身份，我们才能正确地评价他的事业。

17. 亚里士多德《政治学》2: 1267b:22‑8。

18. C. Nicolet, *The World of the Citizen in Republican Rome* (Berkeley, CA, 1980), pp. 21‑3 把这个特殊事件从李维的《罗马史》1.13.4 中摘录了出来。

19. 关于古罗马行政官员的主要著作有 T. S. Broughton, *The Magistrates of the Roman Republic* (Oxford, 1951)。

20. 西塞罗在许多地方都使用了"奇维塔斯"的概念，但是它的明确定义出现在《西庇阿之梦》C3 中。

21. 关于阿夸罗萨，参见 C. E. Östenburg and M. Pallottino, *Case etrusche di Acquarossa* (Rome, 1975)。

22. C. Ambus and I. Krauskopf, "The Curved Staff in the Ancient Near East as a Predecessor of the Etruscan Lituus", in *Etrusco Ritu: Material Aspects of Etruscan Religion*, ed. L. B. van der Meer (Leuven, 2010), pp. 127‑53.

23. A. Maggiani, "Appunti sulle magistrature etrusche", *Studi Etruschi*, 62 (1996), pp. 95‒138，回顾了伊特鲁里亚设立行政官员的证据。关于鲁别拉的铭文，参见 C. De Simone, *Le iscrizione etrusche dei cippi di Rubiera* (Reggio Emilia, 1992)。

24. 这枚砝码的年代较晚（公元前 3 世纪），但是依然非常有趣，参见 A. Maggiani, "Appunti sulle magistrature etrusche", Studi Etruschi, 62 (1996), pp. 101。

25. M. Morandi Tarabella, Prosopographia etrusca, Vol. i (Rome, 2004), pp. 167‒8.

26. 这是哈利卡纳苏斯的狄奥尼修斯（《罗马古史》1:30）给出的解释。H. Rix, "Etr. Mes rasnal = lat. Res publica", in *Studi di antichita in onore di G. Maetzke II*, ed. G. Maetzke, M.G.M. Costagli and L. T. Perna (Rome,1984), pp. 455‒68 详细讨论了"拉什纳"一词及其在伊特鲁里亚文献中的用法。

27. 杜卡迪的作品 *Storia dell'arte etrusca* (Florence, 1927) 和 *Etruria antica* (Bologna, 1927) 体现了非常明显的法西斯主义观点。

28. 关于这一事件以及纳粹在意大利犯下的其他战争罪行，参见 P. Cooke, "Recent Work on Nazi Massacres in Italy During the Second World War", *Modern Italy*, V (2000), pp. 211‒18。另外，E. Spagnoletti, *The Massacres in Marzabotto and Bologna during World War II and their Contemporary Ramifications* (Rome, 1980) 提供了更加详细的分析，还讨论了博洛尼亚及其周边地区的紧张形势。

29. 今天，你依然可以在那座博物馆里看到当时被损坏的文物。

第八章　性爱、谎言与伊特鲁里亚人

1. S. Haynes, *Etruscan Civilization: A Cultural History* (Oxford, 2005), p. 147. 克尼多斯的阿佛洛狄忒所引起的反应体现了裸体女性雕像（即使刻画的对象是阿佛洛狄忒）带给人们的冲击，学界普遍认为那是希腊展出的第一尊裸体女性雕像。

2. 现在关于雕像的主体部分采用的大理石来源有一些争议：L. Bonfante, "Nudity as a Costume in Classical Art", *American Journal of Archaeology*, Ⅹ C Ⅲ (1989), pp. 543 - 70, esp. p. 566 提出它来自帕洛斯岛，而 A. Andren, "Il santuario della Necropoli di Cannicella ad Orvieto", *Studi Etruschi*, Ⅹ Ⅹ Ⅹ Ⅴ (1967), pp. 41 - 85, esp. p. 50 认为该大理石来自纳克索斯岛，这曾经是学界一致认可的观点。

3. M. Cristofani, "La 'Venere' della Cannicella", *Santuario e culto nella necropoli di Cannicella. Annali della Fondazione per il Museo Claudio Faina*, 3 (1987), pp. 30 - 31.

4. 这个分析出自 G. Colonna, "I culti del santuario della Cannicella", in *Santuario e culto nella necropoli di Cannicella. Relazione e interventi nel convegno del 1984*, ed. G. Pugliese Carratelli (Florence, 1987), pp. 11 - 26。

5. A. Andren, "Il santuario della Necropoli di Cannicella", p. 45.

6. 详见 R. Benassai, "Per una lettura del programma figurativo delle Tomba delle Bighe di Tarquinia", *Orizzonti. Rassegna di archeologia*, 2 (2001), pp. 51 - 62。B. D'Agostino and L. Cerchiai, *Il mare, la morte, l'amore: gli Etruschi, i*

Greci e l'immagine (Rome, 1999), p. 68，讨论了同一座坟墓中异性情侣壁画与同性情侣壁画的有趣区别。

7. 希俄斯岛的塞奥彭普斯《历史》115。

8. M. A. Flower, *Theopompus of Chios: History and Rhetoric in the Fourth Century BC* (Oxford, 1997) 提供了关于塞奥彭普斯的详细传记，包括他在雅典度过的时光。

9. T. Harrison, *Greeks and Barbarians* (London, 2002) 讨论了古希腊人与蛮族的交集，并讲述了这种刻板印象。

10. E. Hall, "Asia Unmanned: Images of Victory in Classical Athens", in *War and Society in the Greek World*, ed. J. Rich and G. Shipley (London, 1993), pp. 108‑33，详细分析了一步步让波斯敌人变得女性化的古希腊文献。

11. 瑙克拉提斯的阿特纳奥斯《智者之宴》卷 12，529a。

12. Flower, *Theopompus of Chios*, p. 95 提出了一个令人信服的观点，把塞奥彭普斯的性生活诽谤与针对亚里斯提卜和雅典政治家亚西比德的批评联系起来。

13. C. Dix, *D. H. Lawrence and Women* (London, 1980) 详细考察了劳伦斯与不同女性的关系，包括那些在他生命中发挥重要作用的女性。

14. D. H. Lawrence, *Sketches of Etruscan Places* (London, 1932), p. 127.

15. 同上，第 138 页。

16. V. Bellelli, "Vei: nome, competenze e particolarità di una divinità etrusca", in *Antropologia e archeologia in confronto: rappresentazioni e pratiche del sacro*, ed. V. Nizzo and L. LaRocca (Rome, 2012), pp. 455‑78.

第九章 裹尸的文字

1. 关于这些罕见的文字，详见 M. M. Terras, *Image to Interpretation: An Intelligent System to Aid Historians in Reading the Vindolanda Texts* (Oxford, 2006)。

2. 如果你想阅读伊特鲁里亚语，可以购买 G. Bonfante and L. Bonfante, *The Etruscan Language* (Manchester, 2001)。R. Wallace, *Zikh Rasna: A Manual of the Etruscan Language and Inscriptions* (Ann Arbor, mi, 2008) 也是一份出色的指南。

3. 这个例子是梵蒂冈博物馆伊特鲁里亚分馆的 14949 号展品。

4. 关于萨格勒布木乃伊的精彩冒险历程，参见 I. Uranić, "Contributions to the Provenance of the Zagreb Mummy", *Acta Antiqua*, 46 (2006), pp. 197‐202; A. Rendić‐Miočević, *Notes on the Accession of the Zagreb Mummy and her Wrapping* (Zagreb, 1997); 以及 M. Flury‐Lemberg, "Rekonstrukcija Zagrebačke lanene knjige ili povoja Zagrebačke mumije", *Vjesnik Arheološkog muzeja u Zagrebu*, 19 (1987), pp. 73‐92。该文本在序言中也提到了相关内容，参见 L. B. van der Meer, *Liber linteus zagrabiensis* (Leuven, 2007)。

5. I. Mirnik and A. Rendić‐Miočević, "Liber Linteus Zagrabiensis ii", *Vjesnik Arheoloskog muzeja u Zagrebu*, ⅩⅩ (1987), pp. 31‐48. 两位作者展示了这一阶段关于萨格勒布木乃伊的许多信件，并在随信附上的意大利语文章中总结了布鲁格施与伯顿的关系（1984: 42）。

6. 这张表格基本改编自 C. D. Buck, *A Dictionary of Selected Synonyms in the Principal Indo-European languages* (Chicago, il, 2008 [1947])。在巴克的词典中，每个单词都有许多例子，同上，pp. 2.36, 3.41, 1.31。

7. 这一值得怀疑的术语出自 H. Rix, *Rätisch und Etruskisch* (Innsbruck, 1998)。

8. 关于这个观点的衰落，参见 J. G. Stickel, *Das Etruskische durch Erklärung von Inschriften und Namen als semit. Sprache erwiesen* (Leipzig, 1858)。

9. 这种看法跟以下作品密切相关：F. C. Woudhuizen, *Etruscan as a Colonial Luwian Language* (Innsbruck, 2008)。

10. 这个可疑的观点出自 Z. Mayani, *The Etruscans Begin to Speak* (London, 1962)。而 G. Bonfante and L. Bonfante, in *The Etruscan Language* (Manchester, 2002), p. xii 甚至认为伊特鲁里亚语与阿兹特克语有关。

11. 这个例子的出处同上，参见第 137 页。关于"za"的含义，参见 J. Hadas–Lebel, "L" oenochoé putlumza: un pocolom étrusque?', *Collection de la Maison de l'Orient méditerranéen ancien. Série philologique*, 43 (2009), pp. 273–85。

12. 这个例子出自 G. Bonfante and L. Bonfante, *The Etruscan Language*, p. 101, TLE 43。

13. 此书即 *Volumen libris septuaginta distinctum de antiquitatibus et gestis Etruscorum*。参见 G. Bonucci Caporali, ed., *Annio da Viterbo: Documenti e ricerche* (Rome, 1981)。

14. 这次对阿尼奥的无情揭穿出自 Girolamo Mei 的拉丁语小论文 "On the Origins of the City of Florence" (1565)。

15. 关于这次发现的记录，参见 M. Pallottino, *Scavi nel santuario Etrusco di Pyrgi: relazione preliminare della settima campagna, 1964, e scoperta di tre lamine d'oro inscritte in Etrusco e in Punico* (Rome, 1964)，其历史背景详见 G. Colonna, "Il santuario di Pyrgi alla luce delle recenti scoperte", *Studi Etruschi*, ⅩⅩⅩⅢ (1965), pp. 193‑219。

16. 关于皮尔吉文本腓尼基语版的翻译，参见 P. C. Schmitz, "The Phoenician Text from the Etruscan Sanctuary at Pyrgi", *Journal of the American Oriental Society*, CⅩⅤ (1995), pp. 559‑75。他还提供了研究这些金板的参考书目。

17. 这句话改写自 G. Bonfante and L. Bonfante, *The Etruscan Language*, p. 12。

18. O. Wikander, "The Religio‑social Message of the Gold Tablets from Pyrgi", *Opuscula*, 1 (2008), pp. 78‑84，强调了这些文本的政治作用以及它们对人间权力与神明旨意的连接。

19. 萨格勒布文本的年代问题依然没有彻底解决，亚麻布本身可能是在公元前 4 世纪编织完成的，但几乎可以肯定的是，文字的出现时间较晚。R.Wallace, "Review: Il Liber Linteus di Zagabria. Testualità e Contenuto (Biblioteca di 'Studi Etruschi' 50) by Valentina Belfiore", *Etruscan Studies*, ⅩⅤ (2012), pp. 232‑7认为该文本的年代为公元前 3 世纪末或 2 世纪初，而 J. M. Turfa, *Divining the Etruscan World: The Brontoscopic Calendar and Religious Practice* (Cambridge, 2012), p. 24 则确定其年代为公元前 2 世纪初。它以布条的形态得到重复利用的时间更晚，在公元前 1 世纪。

20. 哈利卡纳苏斯的狄奥尼修斯（《罗马古史》7:5‑6）详细描述过这场战役，不过，A. B. Gallia, "Reassessing the 'Cumaean Chronicle': Greek

Chronology and Roman History in Dionysius of Halicarnassus", *Journal of Roman Studies*, ⅩⅦ (2007), pp. 50–67 对他的描述做出了批评。

21. 关于拉丁语战胜伊特鲁里亚语的情况，详见 J. Kaimio, *The Ousting of Etruscan by Latin in Etruria* (Helsinki, 1972)。关于罗马政权影响伊特鲁里亚的最新叙述，参见 L. Ceccarelli, "The Romanization of Etruria", in *A Companion to the Etruscans, ed. S. Bell and A. Carpino* (New York, 2015), pp. 28–40。

22. 普劳提娅·乌姑兰尼拉非常迷人，却又被大多数人所遗忘，她在苏维托尼乌斯研究克劳狄乌斯的篇章中出现过数次，参见《罗马十二帝王传》卷 5 和卷 6。

23. D. Briquel, "Que savons-nous des 'Tyrrhenika' de l'empereur Claude?", *Rivista di filologia e di istruzione classica*, 116 (1988), pp. 448–70, 详细分析了克劳狄乌斯对伊特鲁里亚事物的热爱。

24. 这份总结源于 van der Meer, *Liber linteus zagrabiensis*。

25. A. Bouchard-Cote et al., "Automated Reconstruction of Ancient Languages Using Probabilistic Models of Sound Change", *Proceedings of the National Academy of Sciences*, 110 (2013), pp. 4224–9.

26. L. Agostiniani and F. Nicosia, *Tabula cortonensi* (Rome, 2000), 以及 A. Bottini, "Gentlemen of Cortona", *Etruscan Studies*, Ⅶ (2000), pp. 3–4。

第十章　聆听肝脏的声音

1. L. B. van der Meer, *The Bronze Liver of Placenza* (Leiden, 1987) 提供了关于皮亚琴察铜肝的完整分析，包括它在丘西附近某地的制作过程、它

的发现以及它的宗教仪式背景。另见 A. Morandi, "Nuove osservazioni sul fegato bronzeo di Piacenza", *Mélanges de l'Ecole française de Rome Antiquité*, C (1988), pp. 283‑97。

2. F. Arisi, *Il Museo Civico di Piacenza* (Piacenza, 1960), pp. 199‑203 详细描述了这次发现，另见 L. B. van der Meer, *The Bronze Liver of Piacenza: Analysis of a Polytheistic Structure* (Amsterdam, 1987), p. 5。

3. 关于这些肝脏模型，参见 M. Jastrow, "Hepatoscopy and Astrology in Babylonia and Assyria", *Proceedings of the American Philosophical Society*, 47 (1908), pp. 646‑76。关于更大范围上巴比伦宗教仪式的研究，参见 A. Reiner, "Astral Magic in Babylonia", Transactions of the American Philosophical Society, 85 (1995), pp. 1‑150, and D. Pardee, "Divinatory and Sacrificial Rites", *Near Eastern Archaeology*, XⅢ (2000), pp. 232‑4。

4. U. Koch, *Babylonian Liver Omens: The Chapters Manzāzu, Padānu and Pān Tākalti of the Babylonian Extispicy Series Mainly from Aššurbanipal's Library* (Copenhagen, 2000); U. Koch, "Sheep and Sky: Systems of Divinatory Interpretation", in *The Oxford Handbook of Cuneiform Culture*, ed. K. Radner and E. Robson (Oxford, 2011), pp. 447‑69.

5. 关于赫梯帝国的肝脏模型，参见 U. S. Koch, *Mesopotamian Astrology: An Introduction to Babylonian and Assyrian Celestial Divination* (Cambridge, 1995); and G. Beckman, "Mesopotamians and Mesopotamian Learning at Hattuša", *Journal of Cuneiform Studies*, XXXV (1983), pp. 97‑111。

6. 例如，L. Stieda, "Anatomisches Über alt‑italische Weihgeschenke (Donaria)", *Anatomy and Embryology*, XVI (1901), pp. 1‑82。还有一种更加含蓄的论证，

参见 D. Collins, "Mapping the Entrails: The Practice of Greek Hepatoscopy", *American Journal of Philology*, CXXIX (2008), pp. 319–46。

7. M. Pallottino, *The Etruscans* (London, 1975), p. 154 提供了关于《塔格斯之书》的总结，并介绍了它在仅存的伊特鲁里亚宗教文学中的地位。

8. 西塞罗《论占卜》2.50；奥维德《变形记》15:552。

9. J. R. Wood, "The Myth of Tages", *Latomus*, 39 (1980), pp. 325–44 搜集了关于这个神话的证据，并指出它是一个伊特鲁里亚传说，而非古罗马故事的附录。

10. 关于这面镜子的最早描述，参见 M. Pallottino, *Uno specchio di Tuscania e la leggenda etrusca di Tarchon* (Rome, 1930), p. 49，另见 M. Torelli, "'Etruria principes disciplinam doceto' il mito normativo dello specchio di Tuscania", *Studia Tarquiniensia (Archaeologia Perusina)*, IX (1988), pp. 109–18。

11. M. Bonghi Jovino, *Gli Etruschi di Tarquinia* (Modena, 1986), p. 392; G. Colonna, "Una proposta per il supposto elogio tarquiniese di Tarchon", in *Tarquinia: scavi ricerche e prospettive*, ed. M. Bonghi Jovino and C. Chiaramente Trere (Milan, 1987), pp. 153–7.

12. J. Heurgon, "The Date of Vegoia's Prophecy", *Journal of Roman Studies*, XLIX (1959), pp. 41–5 提出维格娅（维古）其实是一种精灵，而非女先知。关于维格娅（维古）的重要性及其启示的社会背景，参见 A. Valvo, *La "Profezia di Vegoia": proprietà fondiaria e aruspicina in Etruria nel I secolo A. C.* (Rome, 1991)。

13. 关于"兔子洞"的最新研究，参见 C. Bizzari and D. Soren, "Etruscan

Domestic Architecture, Hydraulic Engineering, and Water Management Technologies", in *A Companion to the Etruscans*, ed. S. Bell and A. A. Carpino (Hoboken, NJ, 2016), pp. 129‑45。

14. 这个计量单位的定义出自 O.A.W. Dilke, *Mathematics and Measurement* (Berkeley, CA, 1988), p. 293。K. M. Phillips, "Bryn Mawr College Excavations in Tuscany 1971", *American Journal of Archaeology*, LXXVI (1972), pp. 249‑55, on p. 251 表示古风时代奇维塔特山丘（位于穆尔洛）建筑的饰板长度相当于两只"意大利脚"，因此得出这个年代。有一艘公元前 5 世纪的沉船上保留了建筑工人的尺子，似乎跟这个 27 厘米的计量单位相吻合（R. R. Stieglitz, "Classical Greek Measures and the Builder's Instruments from the Ma'agan Mikhael Shipwreck", *American Journal of Archaeology*, CX (2006), pp. 195‑203, esp. p. 200)。

15. 老普林尼《博物志》2:137‑9。

16. S. Hammond, *Iconography of the Etruscan Haruspex* (Edinburgh, 2009) 收录了一系列描绘占卜的伊特鲁里亚图案。

17. 关于伊特鲁里亚的女祭司或女占卜师，参见 L. E. Lundeen, "In Search of the Etruscan Priestess: A Re-examination of the Hatrencu", in *Religion in Republican Italy*, ed. C. E. Shultz and P. B. Harvey (Cambridge, 2006), pp. 34‑61。

18. 伊特鲁里亚的神庙建筑是一个复杂的问题，这里进行了简化处理。关于更加详细和更具启发的讨论，参见 V. Izzet, "Tuscan Order: The Development of Etruscan Sanctuary Architecture", in *Religion in Archaic and Republican Rome and Italy: Evidence and Experience*, ed. C. Smith and E.

Bispham (Edinburgh, 2000), pp. 34‐53 以及 V. Izzet, "Form and Meaning in Etruscan Ritual Space", *Cambridge Archaeological Journal*, XI (2001), pp. 185‐200，关于更加深入的研究，参见 C. R. Potts, *Religious Architecture in Latium and Etruria, c. 900–500 BC* (Oxford, 2015)。

19. 关于这种现象的考察，参见 R. Bradley, *The Passage of Arms* (Cambridge, 1990)。

20. P. G. Warden et al., "Poggio Colla: An Etruscan Settlement of the 7th‐2nd c. BC (1998‐2004 excavations)", *Journal of Roman Archaeology*, XVIII (2005), pp. 252‐66; P. G. Warden and M. L. Thomas, "Sanctuary and Settlement: Archaeological Work at Poggio Colla (Vicchio di Mugello)", *Etruscan Studies*, IX (2002), pp. 97‐108.

21. 这种布置方式详见 P. G. Warden, "Remains of the Ritual at the Sanctuary of Poggio Colla", in *Votives, Places, and Rituals in Etruscan Religion: Studies in Honour of Jean MacIntosh Turfa*, ed. M. Gleba and H. Becker (Leiden, 2009), pp. 107‐22, esp. pp. 111‐13。

22. M. Gleba, "Textile Tools in Ancient Italian Votive Contexts: Evidence of Dedication or Production?", in *Votives, Places and Rituals in Etruscan Religion: Studies in Honour of Jean MacIntosh Turfa*, ed. M. Gleba and H. S. Becker (Leiden, 2009), pp. 69‐84. D. Gill, "METRU.MENECE: An Etruscan Painted Inscription on a Mid–5th–century BC Red–figure Cup from Populonia", *Antiquity*, LXI (1987), pp. 82‐7. 许多不同种类的物品都带有类似的铭文，葛雷巴考察了纺织工具上的献词，而吉尔则研究了伊特鲁里亚陶器上的献词。

23. 关于伊特鲁里亚的解剖学祭品，参见 J. M. Turfa, "Anatomical Votives and Italian Medical Traditions", in *Murlo and the Etruscans: Art and Society in Ancient Etruria*, ed. R. de Puma and J. P. Small (Madison, WI, 1994), pp. 224‑40; J. M. Turfa, "Anatomical Votives", *ThesCRA I* (2004), pp. 359‑68。

24. S. Stopponi, "Orvieto, Campo della Fiera ‑ Fanum Voltumnae", in *The Etruscan World, ed. J. M. Turfa* (London, 2015), pp. 632‑54, esp. p. 632 描述了一位叫"沃尔图姆那"的当地神明被模糊成提尼亚的过程。

25. 关于皮尔吉供奉的神明，参见 Turfa, ed., The Etruscan World: M. P. Baglione, "The Sanctuary of Pyrgi", 同上, pp. 613‑31, esp. p. 617。关于王后祭坛，参见 G. Bagnasco Gianni, "Tarquinia: Excavations by the University of Milan at the Ara della Regina Sanctuary" and "Tarquinia. Sacred Spaces and Sanctuaries", pp. 594‑612, esp. p. 559。

26. I. Edlund‑Berry, "Gods and Places in Etruscan Religion", *Etruscan Studies*, Ⅰ (1994), pp. 11‑22 强调了神明及其受供奉的地区之间的密切关系。

27. 关于伊特鲁里亚神明的完整讨论，参见 E. Simon, "Gods in Harmony: The Etruscan Pantheon", in *The Religion of the Etruscans*, ed. N. T. de Grummond and E. Simon (Austin, TX, 2006), pp. 45‑65，这篇文章介绍了伊特鲁里亚众神之间的关系以及他们与古希腊和古罗马神明之间的关系。

28. S. Kennedy Quigley, "Visual Representations of the Birth of Athena/Minerva: A Comparative Study", *Etruscan Studies*, VIII (2001), pp. 65‑78 深入分析了伊特鲁里亚人对雅典娜和梅尔瓦的刻画，尤其关注她与提尼亚的父

女关系。G. Colonna, "Minerva", in *Lexicon iconographicorum mythologiae Classicae Volume II* (Zurich, 1984), pp. 1050‑74 详细考察了伊特鲁里亚女神梅尔瓦。

29. J. R. Jannot, *Religion in Ancient Etruria* (Madison, WI, 2005), p. 156 提出了这个观点。

30.《吉尔伽美什史诗》泥板 6。

31. 参见 P. Albenda, "The 'Queen of the Night' Plaque: A Revisit", *Journal of the American Oriental Society*, CXXV (2005), pp. 171‑90; 以及 D. Collon, "The Queen under Attack – A Rejoinder", *Iraq*, 69 (2007), pp. 45‑51。关于伊什塔尔的形象以及她跟古代美索不达米亚地区女性生活的关系，参见 Z. Bahrani, *Women of Babylon: Gender and Representation in Mesopotamia* (London, 2001)。

32. 关于这个女神从近东地区到地中海地区的转变，参见 A. E. Barclay, "The Potnia Theron: Adaptation of a Near Eastern Image", in *Potnia: Deities and Religion in the Aegean Bronze Age*, ed. R. Laffineur and R. Hägg (Liege, 2001), pp. 373‑81。关于伊特鲁里亚的"动物的女主人"，参见 H. Damgaard Andersen, "The Origin of Potnia Theron in Central Italy", *Hamburger Beiträge zur Archäologie*, XIX (1992), pp. 73‑113。

33. 出自 A. S. 塔克写给笔者的私人信件。

34. 这个观点出自 J. M. Turfa, "Etruscan Religion at the Watershed: Before and After the Fourth Century BCE", in *Religion in Republican Italy*, ed. C. E. Shultz and P. B. Harvey (Cambridge, 2006), pp. 62‑85。

35. 苏维托尼乌斯在凯撒遇刺的部分讲述了斯普林纳的作用（《罗马十二

帝王传》81‐9），普鲁塔克（《希腊罗马名人传》63‐6）和西塞罗（《论占卜》1.1119）也提到了此人。J. T. Ramsey, "'Beware the Ides of March!'': An Astrological Prediction?", *Classical Quarterly (New Series)*, 50 (2000), pp. 440‐54 研究了三月十五日的事件，包括斯普林纳。

36. E. Orlin, *Foreign Cults in Rome: Creating the Roman Empire* (Oxford, 2010), p. 92 认为占卜师有预谋地把他们的仪式融入伊特鲁里亚的政治中。J. Rupke, "Divination romaine et rationalité grecque dans la Rome du iie siècle avant notre ère", in *La raison des signes: Présages, rites, destin dans les sociétés de la méditerranée ancienne*, ed. S. Georgoudi 以及 R. Koch Piettre (Paris, 2011), pp. 479‐500 (p. 337) 列举了让伊特鲁里亚占卜师随行的罗马人，其中包括伟大的将领苏拉。

37. 关于这个观点的论述，参见 D. Briquel, "Tages Against Jesus: Etruscan Religion in the Late Roman Empire", *Etruscan Studies* X (2007), pp. 153‐61。

38. 特土良《护教学》35.12。

39. 宫廷里的占卜师发现自己不能再预测未来了，于是把仪式的失败归咎于基督徒。戴克里先派帝国的占卜师前往狄杜玛征求阿波罗的神谕，结果毫无意外，神谕证实了基督徒必须被消灭。参见 J. Fontenrose, *Didyma: Apollo's Oracle, Cult, and Companions* (Berkeley, CA, 1988), p. 24, and the primary source, Lactantius, *De Mortibus persecutorum*, 10.1‐5。

40. 这个观点出自 L. Bonfante, "Iconografia delle madri: Etruria e Italia antica", in *Le donne in Etruria*, ed. A. Rallo (Rome, 1989), pp. 85‐106。

第十一章　面对死亡

1. 参见 M. Cristofani, *Etruschi: una nuova immagine* (Rome, 2000), p. 20 以及 U. Calzoni, "Recenti scoperte a 'Grotta Lattaia' sulla Montagna di Cetona", *Studi Etruschi*, IX (1940), pp. 301 – 4。

2. G. Paolucci and A. Minetti, eds, *Sarteano etrusca: Collezionismo, antiquariato e scoperte archeologiche ottocentesche* (Montepulciano, 1989) 以 及 A. Minetti and A. Rastrelli, *La necropoli della Palazzina nel Museo civico archeologico di Sarteano* (Montepulciano, 2001) 描述了这些挖掘的历史。

3. A. Minetti, "La tomba della Quadriga infernale di Sarteano", *Studi Etruschi*, LXX (2004), pp. 135 – 59, and A. Minetti, "Sarteano (si): necropoli delle Pianacce: campagna di scavo 2005", *Notiziario della Soprintendenza per i Beni Archeologici della Toscana*, I (2005), pp. 425 – 8 记录了这次发现，而她的晚期作品 (A. Minetti, *La tomba della quadriga infernale nella necropoli delle Pianacce di Sarteano* (Rome, 2006); "La tomba dipinta di Sarteano", *Ostraka*, XVI (2008), pp. 79 – 91) 则详细描述了这些壁画。

4. A. Minetti, "Sculture funerarie in pietra fetida dalla necropoli delle Pianacce di Sarteano", *Studi Etruschi*, LXXIV (2008), pp. 125 – 39 主要研究皮亚纳切墓地的雕塑。

5. 米内蒂在其 2006 年的著作中描述了保护这座坟墓以及准备向公众开放参观的过程，参见 A. Minetti, *La tomb a della quadriga infernale nella*

necropoli delle Pianacce di Sarteano (Rome, 2006)。

6. A. Maccari, "Un funerale chiusino: appunti su un cippo inedito di Sarteano", *Rivista di archeologia*, ⅩⅩⅩⅤ (2011), pp. 5‑15 详细考察了萨尔泰亚诺的伊特鲁里亚葬礼流程。

7. L. J. Taylor, "Performing the Prothesis: Gender, Gesture, Ritual and Role on the Chiusine Reliefs from Archaic Etruria", *Etruscan Studies*, ⅩⅦ (2014), pp. 1‑27 详细考察了伊特鲁里亚的遗体告别仪式。

8. P. J. Holliday, "Processional Imagery in Late Etruscan Funerary Art", *American Journal of Archaeology*, ⅩCⅣ (1990), pp. 73‑93 研究了伊特鲁里亚葬礼游行的重要性。

9. L. Pieraccini, "Families, Feasting, and Funerals: Funerary Ritual at Ancient Caere", *Etruscan Studies*, Ⅶ (2000), pp. 35‑50 提出了宴饮对伊特鲁里亚葬礼的重要性。

10. 这一观点出自 G. Moscatelli, "Gli enigmatici affreschi della tomba della quadriga infernale di Sarteano: amicizia o amore?", *Archeotuscia News*, 1 (2012), pp. 10‑11。

11. J. Elliot, "The Etruscan Wolfman in Myth and Ritual", *Etruscan Studies*, Ⅱ (1994), pp. 17‑34 描述了一个伊特鲁里亚魔鬼酷似恶狼的面孔，而 F. Roncalli, "Laris Pulenas and Sisyphus: Mortals, Heroes and Demons in the Etruscan Underworld", *Etruscan Studies*, CⅪ (1996), pp. 45‑64 则探索了其他的魔鬼形象。

12. 这座坟墓名为"浮雕之墓"，参见 H. Blanck and G. Proietti, *La tomba dei Rilievi di Cerveteri* (Rome, 1986)。

13. 这一观点出自 K. Hostetler, "Serpent Iconography", *Etruscan Studies*, X (2004), pp. 203‑10。

14. 关于万特的身份和起源，详见 A. S. Tuck, "On the Origin of Vanth: Death Harbingers and Banshees in Etruscan and Celtic Worlds", in *New Perspectives on Etruria and Rome: Papers in Honour of Richard Daniel De Puma*, ed. S. Bell and H. Nagy (Madison, wi, 2009), pp. 251‑63。

15. 这一点在托斯卡纳的相关研究中体现得尤为明显，参见 G. Barker and T. Rasmussen, "The Archaeology of an Etruscan Polis: A Preliminary Report on the Tuscania Project (1986 and 1987 seasons)", *Papers of the British School at Rome*, 56 (1988), pp. 25‑42。

16. 关于托加，参见 L. Bonfante, Etruscan Dress (Baltimore, md, 1975) and H. Granger-Taylor, "Weaving Clothes to Shape in the Ancient World: The Tunic and Toga of the Arringatore", *Textile History*, X Ⅲ (1982), pp. 3‑25。

17. 如上一章所述，参见特土良《护教学》35.12。

18. 这一观点出自 R. H. Rough, "Enrico Scrovegni, the Cavalieri Gaudenti, and the Arena Chapel in Padua", *Art Bulletin*, 62 (1980), pp. 24‑35，该文研究了这座私人教堂的出资建设者恩里科·斯克罗维尼。

19. 这次采访收录于 D. T. Van Velzen, "The World of Tuscan Tomb Robbers: Living with the Local Community and the Ancestors", *International Journal of Cultural Property*, V (1996), pp. 111‑26，其中还包含了一份有关盗墓现象的历史记录。

20. 关于这项研究，参见 V. S. Manzon and E. Gualdi Rosso, "Health Patterns of the Etruscan Population (6th‑3rd Centuries BC) in Northern Italy: The

Case of Spina", *International Journal of Osteoarchaeology*, X (2015), pp. 24 – 38。

21. 关于这位特殊的女性，参见 J. Swaddling and J. Prag, eds, *Seianti Hanunia Tlesnasa: The Story of an Etruscan Noblewoman* British Museum Occasional Paper 100 (London, 2002)。

22. 相关报道见 2015 年 10 月 22 日的 *Il Tirrenico*。

补充书目

如果您想阅读更多有关伊特鲁里亚人的著作（笔者也建议您这么做，因为本书只是一部比较简要的著作），笔者特别推荐以下三本：

Izzet, V., *The Archaeology of Etruscan Society* (Cambridge, 2007).

Smith, C., *The Etruscans: A Very Short Introduction* (Oxford, 2013).

如果条件允许，您也可以阅读这部规模最大（也是价格最贵）的著作：

Turfa, J. M., ed., *The Etruscan World* (London, 2015).

古典文献

Aristotle, *Politics*, trans. C.D.C. Reeve (Cambridge, 1997).

Boccaccio, *De mulieribus claris*, trans. V. Brown (Boston, MA, 2001).

Cassius Dio, *Roman History*, trans. I. Scott–Kilvert (London, 1987).

Cicero, *On Divination*, trans. D. Wardle (Oxford, 2006).

Cicero, *The Dream of Scipio*, trans. P. Bullock (New York, 1983).

Diogenes Laertius, *Lives of the Eminent Philosophers*, trans R. D. Hicks (Boston, MA, 2000).

Dionysius of Halicarnassus, *Roman Antiquities*, trans. E. Cary (London,

1968).

Herodotus, *The Histories*, trans. R. Waterfield (Oxford, 2008).

"Hymn to Dionysus", in *Homeric Hymns*, trans. S. Ruden (Cambridge, 2005), pp. 1 – 3, 67 – 8.

Lactantius, *De Mortibus persecutorum*, trans. J. L. Creed (Oxford, 1985).

Livy, *History of Rome*, trans. R. M. Ogilvie and A. de Selincourt (London, 2002).

Ovid, *Metamorphoses*, trans. C. Martin (London, 2005).

Plato, *The Republic*, trans G.M.A. Grube (Cambridge, 1992).

Plutarch, *Lives*, trans. B. Perrin (London, 1994).

Suetonius, *Lives of the Caesars*, trans. C. Edwards (Cambridge, 2008).

Tacitus, *Agricola*, trans. H. Mattingly (London, 2010).

Tacitus, *The Annals of Imperial Rome*, trans. M. Grant (London, 1973).

Tertullian, *Apology*, trans R. D. Sider (Washington, dc, 2000).

Theopompus of Chios, *Histories*, in Athenaeus, Deipnosophistae, trans. C. Burton Gulick (London, 1927).

Thucydides, *Histories vol i and vol ii*, trans. H. Stuart–Jones (Oxford, 1963).

致　谢

　　非常感谢我在研究伊特鲁里亚考古学时遇到的所有人：从博物馆工作人员到教授，认识你们是我莫大的荣幸。

　　维迪亚·伊泽特是第一个引领我接触伊特鲁里亚的人，而当我在奇维塔特特山丘挖掘文物时，托尼·塔克则教会了我如何把伊特鲁里亚人带入现实。特蕾莎·亨特斯曼、约恩·奥多诺格、凯特·克莱德勒尔和弗雷德里克·托宾一直都是可靠的同事和优秀的朋友，安德鲁·卡罗尔和让·弗雷德曼慷慨地成为本书早期草稿的读者，特蕾莎·亨特斯曼还亲切地为本书提供了她拍摄的一些照片。

　　本书的草稿完成于戈尔韦，当时我正在爱尔兰国立大学的摩尔学院担任访问学者。我深深地感谢爱德华·赫林和丹尼尔·凯雷在那里给予我的支持。

　　我还要感谢意大利"文化遗产监督会"和纽约"艺术资源"团队允许我使用他们拍摄的照片。

　　感谢我的编辑本和艾米，感谢他们的耐心和专业。伊冯·马歇尔、丹尼斯·艾伦和奥利弗·吉尔克斯教会了我如何为不同的读者写作。我的父母教会了我如何思考，这是一项更加珍贵的才能。

本书的大部分内容都是在我女儿一岁时撰写的，如果没有我丈夫的全力支持和她听着磁带吃饭睡觉的能力，这将是不可能完成的任务。菲尔和西尔维娅，感谢你们。

图片提供鸣谢

本书作者和出版方，希望向下列为我们提供图片资源并允许我们复制使用的各方表达谢意。

culturali archeologici Toscana: p. 62.

Sailiko, the copyright holder of the image on p. 30 has published this image online under the restrictions imposed by a Creative Commons Attribution-Share Alike 3.0 Unported license.

读者的免费权利：

1. 通过复制、发布和传播等方式分享本书收录的图片。

2. 对本书收录的图片进行再编辑。

可用于任何目的，包括商业目的。

译名对照表

阿波罗	Apollo
阿布鲁佐	Abruzzo
阿尔忒弥斯	Artemis
阿佛洛狄忒	Aphrodite
阿哥拉	agora
阿卡特拉墓地	Arcatelle necropolis
阿拉伯之春	Arab Spring
阿雷佐	Arezzo
阿雷佐的瑞斯特罗	Ristoro d'Arezzo
阿伦斯	Arruns
阿尼纳家族坟墓	Tomb of the Anina Family
阿普鲁	Aplu
阿契美尼德帝国	Achaemenid Empire
阿施塔特	Astarte

卡瓦卢珀墓地	Cavalupo necropolis
凯尔·梅雷迪思·菲利普	Kyle Meredith Phillips
凯尼塞拉	Cannicella
凯努阿	Kainua
坎帕纳侯爵	Marquis of Campana
康斯坦丝	Constance
康塔罗斯杯	kantharoi
科尔奈托	Corneto
科尔托纳	Cortona
科拉山丘	Pggio Colla
科西嘉岛	Corsica
科西莫	Cosimo
克劳狄乌斯	Claudius
克诺索斯	Knossos
肯特郡	Kent
库罗斯 / 考丽	Kouroi/kore
拉努奇奥·比安奇·班迪内利	Bianchi Bandinelli, Ranuccio
拉齐奥	Lazio
拉森纳	Rasenna
拉什纳	Rasna\Raśna